"互联网+"背景下大学生创新创业问题及对策研究

林壬璇 凌蕴昭 著

中国书籍出版社
China Book Press

卷全国，新观念、新创意、新模式不断萌生；新技术、新产品、新业态不断涌现。人们创新创业的激情正汇聚成巨大动能，助推着中国经济的快速发展。因此，当代高校需要以"互联网+"创新创业人才培养为目标，构建出一套从理论基础到专业技能再到创业实践的培养体系。同时，坚持以能力为导向，激发学生学习兴趣，开阔学生视野，提升学生综合素质。通过创业教学的内外延伸，学生可以充分体会到现实中的创业要求，不仅需要掌握创业理论知识，更需要具有开阔的眼界、敏锐的洞察力、广泛的人脉、有胆有识的谋略、与他人分享的愿望、自我反省的能力等，进而树立科学的创业目标。

本书第一章为大学生创新创业概述，分别阐述了创新与创新精神、创业与创业精神、创新与创业的关系三个方面的内容；第二章为当前我国大学生创新创业教育面临的问题，主要阐述了三个方面的内容，依次阐述我国大学生创新创业教育的历史进程、我国大学生创新创业教育的现状、我国大学生创新创业教育的突出问题；第三章对发达国家大学生创新创业教育模式的分析，主要介绍了四个方面的内容，依次阐述国外大学生创新创业教育的主要模式、美国大学生创新创业教育模式、英国大学生创新创业教育模式、国外大学生创新创业教育的经验与启示；第四章为"互联网+"背景下创新创业教育的策略，依次阐述在"互联网+"背景下学生创新创业教育有效性研究、学生创新创业能力培养、学生创新创业教育模式创新及创新创业项目四个方面的内容。第五章为我国大学生创新创业的未来发展趋势，分别阐述我国高等教育与创新创业、我国大学生创新创业教育的发展趋势、我国大学生创新创业教育的展望。

在撰写本书的过程中，作者得到了许多专家学者的帮助和指导，参考了大量的学术文献，在此表示真诚的感谢！本书写作力争内容系统全面，论述条理清晰、深入浅出。限于作者水平有不足，加之时间仓促，本书难免存在一些疏漏，在此，恳请同行专家和读者朋友批评指正！

林壬璇
2023 年 3 月

目 录

第一章 大学生创新创业的概述 ... 1
- 第一节 创新与创新精神 ... 1
- 第二节 创业与创业精神 ... 18
- 第三节 创新与创业的关系 ... 28

第二章 当前我国大学生创新创业教育面临的问题 ... 30
- 第一节 我国大学生创新创业教育的历史进程 ... 30
- 第二节 我国大学生创新创业教育的现状分析 ... 37
- 第三节 我国大学生创新创业教育的突出问题 ... 50

第三章 发达国家大学生创新创业教育模式的分析 ... 59
- 第一节 国外大学生创新创业教育的主要模式 ... 59
- 第二节 美国大学生创新创业教育模式分析 ... 66
- 第三节 英国大学生创新创业教育模式分析 ... 76
- 第四节 国外大学生创新创业教育的经验与启示 ... 85

第四章 "互联网+"背景下的创新创业教育对策 ... 95
- 第一节 "互联网+"背景下学生创新创业教育有效性研究 ... 95
- 第二节 "互联网+"背景下学生创新创业能力培养 ... 112
- 第三节 "互联网+"背景下学生创新创业教育模式创新 ... 126
- 第四节 "互联网+"背景下的创新创业项目分析 ... 129

第五章 我国大学生创新创业的未来发展 138
第一节 我国高等教育与创新创业 138
第二节 我国大学生创新创业教育的发展趋势 161
第三节 我国大学生创新创业教育的展望 166

参考文献 179

第一章 大学生创新创业的概述

创新和创业密不可分。人们的创业活动离不开创新，创新是社会进步的灵魂；创业是创新的表现形式和载体，是推动经济社会发展、改善民生的重要途径。当今高等教育现代化的发展方向是创新创业教育，通过创新创业教育可以推动教育的革新，明确大学生创业意向，助推专业知识转化成创业成果，促进大学生的全面发展和社会进步。本章内容为大学生创新创业的概述，从三个方面进行阐述，分别是创新与创新精神、创业与创业精神、创新与创业的关系。

第一节 创新与创新精神

一、创新的科学内涵

创新是人类为了满足自身需要，以新思维、新发明和新描述为特征，对客观世界认知和实践能力的不断扩展，是人类主观能动性的高级展现。在西方文化中，英语的"innovation"一词源自拉丁语，其原意包含三个层面：第一是更新，即对现有事物进行替代；第二为创造新事物，即创造出原先不存在的内容；第三为改变，即对现有事物进行发展和改造。这种活动不仅体现了人类的创造力和变革能力，而且是推动社会进步和发展的重要因素。在汉语中，"创新"一词出现得也很早，有"革弊创新""创新改旧"等说法。《现代汉语词典》对创新的解释是：抛开旧的，创造新的；创造性；新意等。

美籍奥地利经济学家熊彼特（Joseph Alois Schumpeter）较早地给创新以系统定义。1912年，熊彼特在其著作《经济发展理论》中提出创新理论。他指出，创新是指企业家对生产要素"进行新的组合"，从而获得超额利润的过程。这种新的组合包含 5 种情况：第一，可以引入新产品或提供全新的产品质量；第二，可以采用全新的方法进行操作；第三，可以对新的市场领域进行开拓；第四，可以对半成品供应来源或新的原材料进行获取；第五，可以实施全新的企业组织形式。在熊彼特的创新理论基础上，人们进一步提出了体制创新、产品创新、流程创新、技术创新、制度创新等一系列相关概念，并将微观层面的创新活动上升到国家宏观层面，提出国家创新体系等概念。

虽然学术界对"创新"尚未有统一定义，但是从一般意义来看，本书认为，创新是指打破已有的思维模式或改变常规的思路和见解，利用有限的资源在特定环境中改进或创造新的事物，探索新的方法和路径，并取得一定效果的行为和过程。具体来讲，可从以下几方面理解创新。

（一）创新是获取收益中的一个阶段

在这个阶段，需要突破常规，打破传统，产生新设想和新概念，并将其发展到实际应用中。

（二）创新是创造和引进某种有用新事物的过程

在这个过程中，从发现潜在的需要开始，运用知识或相关信息进行创造，并经历事物的可行性检验，直至新事物的广泛应用为止。

（三）创新具有解决问题的作用

创新能够广泛应用于经济、社会和技术等各个领域，解决相应问题，而且是一项人人可参与的事业。

（四）创新以取得的成果和成效为评价尺度

任何创新活动的目的都是取得一定的成果并推广应用，根据成果和成效可以分为小级别创新、突破性创新和里程碑式创新。

二、创新的特点和类型

（一）创新的特点

从创新的定义和含义可以看出，创新是对于重复、简单劳动方式的否定，是为原有事物进行根本性变革或综合性改造，它具有以下特点。

1. 目标性

创新的目标就是通过创新活动，在一定时期内达到预期效果。不同的创新活动具有不同的目标，企业创新活动的目标是提高核心竞争力、赢得市场。

2. 变革性

创新是对原有事物的改革和革新，是一种深刻的变革。只要变革的方向正确，目标明确，就可以打破已有限制，获得更大的生存空间。

3. 新颖性

创新的新颖性是指创造者对现有的不合理事物进行扬弃，革除过时的内容，创造出前所未有的东西。

4. 前瞻性

由于创新是相对于他人而言的首创行为，因此，创新往往超前于社会认识，能把握未来事物的发展方向。

5. 价值性

提升产品的技术竞争力并不是价值性的唯一目标，价值性还应通过为顾客创造更多的价值来赢得顾客，并取得企业的成功，由此开辟一个全新的、非竞争性的市场空间。

（二）创新的类型

1. 产品创新

产品创新致力于降低总费用并符合环境保护要求，同时提升使用安全性和便捷性，注重外观美观和产品性能，旨在通过研究、开发和制造更优质的产品来满足客户需求。作为满足社会需求、竞争参与和展现企业价值的重要组成部分，产品在企业创新中扮演着重要角色。企业通过产品创新不断寻求改进，以迎合不断变化的市场需求，并在竞争中脱颖而出。这种创新不仅关乎产品本身的质量和功能，也关系到企业的声誉和市场地位。产品创新可以在多个方面实现：一是开发如3D打印等具有新功能的产品；二是改进产品的结构设计；三是改善产品的外观设计。通过这些创新，企业能够不断提升产品的竞争力，满足不断变化的市场需求。

2. 技术创新

技术创新指的是采用全新的生产方式或新型原材料来制造产品，其目的在于降低成本、维护环境、改善产品质量，并提升生产过程中的安全性和效率。在技术创新中，通过引入创新的生产方法和材料，实现对生产过程的革新，从而实现降低成本、保护环境、提升产品质量和生产效率的目标。技术创新的实现可以从以下4个方面展开。

（1）工艺路线革新

这标志着生产方式的思维转变，以实现技术创新的目标。举例来说，采用精密铸造、精密锻造和粉末冶金等技术替代传统的金属切削方法，可以制造出复杂的机械零件。这种转变不仅能够大幅缩短生产周期，还能降低生产成本。通过引入这些新的生产技术，企业能够更高效地生产出高质量产品，并在竞争激烈的市场中取得竞争优势。这种思维转变对于实现技术创新的目标具有重要意义。

（2）材料替代和重组

举例来说，近年来美国面临农产品过剩问题，农场主陷入债务累累的困境，同时政府不得不承担沉重的农业补贴负担。为了应对这一情况，一些农业州，如堪萨斯、卡罗来纳等与大学合作，从环境保护的角度出发，利用农产品作为原材料生产工业产品。这些创新受到市场的热烈欢迎，并得到政府的政策支持，实行了包括减税和强制推行等措施。这种合作模式不仅有效解决了农产品过剩问题，还促进了农业和工业的协同发展，实现了资源的可持续利用。

（3）工艺装备革新

举例来说，可以通过引入电脑绣花机替代传统的手工绣花方法，以及采用数控机床代替手动操作机床等方式进行工艺装备的创新。这种工艺装备革新可以提高生产效率，提升产品质量，并且减少人工操作的错误率。采用这些现代化设备和技术，企业能够更有效地应对市场需求，提升竞争力。这些工艺装备的革新对于实现企业的发展目标至关重要。

（4）操作方法革新

举例来说，可以通过采用更高效、更省力的操作方法，来替代那些无法适应现代技术进步的传统操作方式。这种操作方法的革新可以提高工作效率，降低劳动强度，并且减少操作过程中的错误和风险。通过引入先进的工作流程和操作技术，企业可以提高生产效率，优化资源利用，实现更高水平的生产和管理。这种操作方法的革新对于企业的发展和竞争力提升具有重要意义。

3. 制度创新

从社会经济的角度来观察，制度创新涉及对企业系统中各成员之间正式关系的调整和变革。制度是对组织运行方式进行规范和约束的基本准则。在企业层面，制度创新主要涉及对产权制度、经营制度和管理制度等方面进行的调整和改革。通过改革制度，企业能够适应不断变化的市场环境，提高资源配置效率，激发创新活力并增强竞争力。这种改革能够促进企业内部各成员之间的协调与合作，优化决策过程，提升整体运行效果。

4. 其他方面的创新

其他方面的创新包括商业模式创新、结构创新、环境创新、市场创新等。

三、创新的原则和阶段

（一）创新的原则

1. 科学性原则

创新必须遵循科学技术原理和科学发展规律，以确保其成功。任何与科学技术原理相冲突的创新都无法取得成功。创新应该基于科学，与科学技术原理保持一致，只有这样才能实现成功。

2. 市场性原则

创新若想要获得最后的成果，必须经受市场的严峻考验。爱迪生曾明确表示，自己不打算发明无法销售的产品，因为无法销售的产品就无法算是真正的成功。一个产品的成功在于其能否销售出去，这是其实用性得到验证的标志，而实用性则是成功的真正体现。[①]因此，创新的设想必须经过市场的检验，在商品化和市场化的过程中需要按照市场评价的原则进行仔细的分析。只有符合市场需求和评价，才能真正实现创新的成功。通常，市场评价从以下六个方面入手：市场容量观、市场定位观、市场价值观、市场风险观、市场寿命观和市场特色观。在评估创新对象在商品化和市场化方面的发展前景时，最关键的要素之一是考察创新的

---

① 郭淑英，于淼. 科技创造力发展的外在动力 [J]. 发明与创新：大科技，2005（10）：2.

使用价值是否超过销售价格。这需要对其性能是否卓越、价格是否合理进行评估。只有当创新产品或服务具备出色的性能,并以合理的价格出售时,才能被认为具有潜在的市场竞争力和可持续的商业前景。因此,对创新的评估必须综合考虑使用价值和价格之间的平衡,以确定其在市场中的可行性和成功潜力。

3. 择优性原则

创新产物不可能做到完美无缺。在创新过程中,应用创造性的原理和方法将催生出许多独特而富有特色的创新构思。在这个阶段,人们需要依据相对优势的原则,从创新整体效果、创新经济的合理性、创新技术的先进性等方面对这些设想进行评估和选择。从这些方面,人们可以判断设想的可行性和前景,选择最具潜力的设想进行进一步的开发和实施。

4. 简洁性原则

如果不限制创新方式和手段的复杂性,创新者可能会付出过高的代价,导致创新设想或结果缺乏使用价值,复杂的结构、冗余的功能和烦琐的使用方式已成为技术不成熟的标志。因此,创新应坚持简化机制的原则,以确保创新的可行性和实用性。通过简化机制,可以降低创新的成本和风险,提高创新成果的质量和市场竞争力。

(二)创新的阶段

英国心理学家沃勒斯(Wallas)提出了创新的"四阶段理论"。该理论认为创新过程应包括准备期、酝酿期、顿悟期和检验期四个阶段。[①]

1. 准备期

准备期是创新过程的基础阶段。这一阶段的特点主要是在积累知识的过程中检查和清理问题,确定创造的方向和目标。在这个阶段,提出问题、搜集资料和提出假设是最为重要的步骤。

(1)提出问题

若创新者能明确地提出问题就等于问题解决了一半。为了正确地提出问题,首先必须了解引起问题所依据的重要事实,以及在解决问题时已具备的前提条件,如理论水平和研究积累的科学事实等。

---

① 于惠玲. 简明创新方法教程 [M]. 北京:中央广播电视大学出版社,2014.

（2）收集资料

在这一阶段，必须着手挖掘一切行之有效的方法，即尽可能地围绕问题收集资料、形成概念、储存经验，以便为进行创新活动奠定良好的基础。没有资料，分析问题就缺乏客观依据，创新就如同失去了根基，成为空中楼阁。

（3）提出假设

创新都是以假设为前提的，只有进行可行性假设，才能从不同的事物中发现共同的东西，从未知的事物中找出已知的东西，从已知的事物中预测未知的东西。有了假设，特别是想象假设，才能发现自然界和社会生活中的新规律，成为新事物的发明者和创新者。

2. 酝酿期

酝酿期是创新过程的运作阶段。酝酿阶段是对各种材料进行深入细致的分析，进行消化、吸收，并提出问题和解决方案的过程。这一过程是创造性思维过程中最为艰难的阶段，也是智力和意志活动付出最大努力的阶段。

为了把自己调整到创新的状态上来，创新者必须从熟悉的思考模式以及从对某事的固定成见中摆脱出来，打破看问题的习惯方式。为了避免习惯的"智慧"束缚，创新者可以使用以下几种技巧来酝酿。

（1）群策攻关法

群策攻关法是艾利克斯·奥斯伯恩于1963年提出的一种方法，它建立在与他人一起工作从而产生独特的思想，并创新性地解决问题的基础上。在创新攻关期间，一般是几组人在一起工作，大家在特定的时间内提出了尽可能多的思想，但并不对它们进行判断和评价。因为这样做会抑制思想的自由流动，阻碍人们提出建议。批判的评价可推迟到下一阶段。[①]

（2）创造"大脑图"

"大脑图"是一个具有多种用途的工具，它既可用来提出观点，也可表示不同观点之间的多种联系。在一张纸的中间写下主要专题，然后记录所有能够与这个专题有联系的观点，并用线把它们连起来；让大脑自由地运转，跟随它一起去建立联系。通过尽可能快地思考，让其自然地呈现出结构，反映出大脑自然地建立联系和组织信息的方式；在新的信息和不断加深理解的基础上，修改其结构或组织。

---

① 张俊红. 求知的智慧 [M]. 乌鲁木齐：新疆美术摄影出版社，2017.

（3）做好梦境记录

为了抓住所做的梦，不妨经常在梦醒之后，把所能回忆起来的梦中情景记录下来，通过梦境中的内容寻找创新元素。

3. 顿悟期

顿悟期是创新过程的收获阶段，常常被称为"直觉的跃进""思想上的光芒"。顿悟是与直觉和灵感具有一定联系的思维现象。进入这一阶段，问题的解决一下子变得豁然开朗，思维范围扩大，以往百思不得其解的难题瞬间得到破解。必须指出，顿悟和灵感绝不是什么神秘的东西，也不是无法说清的东西。它同前期的准备和酝酿是分不开的。顿悟如果离开人们长时间的实践，离开高度集中化与紧张化的思考，是不可能产生的，它是一个人长期实践、长期思考、艰苦劳动的产物。

4. 检验期

检验期是创新过程的反思阶段。只有通过验证，才有可能证实创造成果的价值。在经过收获阶段之后，创造性思维已经获得了初步成果，提出了一定的假设和解决问题的方案。但是，通过灵感获得的结果未必合理，所以还要通过严密的逻辑推理或者实验操作，对这一结果的合理性进行检验。在验证过程中，可以发现原有设想的不足和缺点，并对其进行修正、补充，使其逐步完善。这一假设也可能经受不住考验被全盘否定，但在这一过程中通过对材料进行深入细致的分析与思考，为新思路的提出奠定坚实的基础。

四、创新意识及其培养

（一）创新意识

创新意识是基于社会和个人需求的驱动，激发人们创造前所未有的事物或概念的动机，并在创造性活动中展现出意愿、愿望和设想，体现了人类意识活动的积极面和丰硕成果，是促进创造性思维和提升创造力的内在动力和先决条件。创新意识的形成和培养可以通过教育、培训和经验积累来实现，从而不断激发个体的创新潜能和能力，推动社会的持续发展和进步。

创新意识涵盖了创造情感、创造意志、创造兴趣和创造动机等要素。创造情感在启发、推动和完成创新过程中起着关键作用；创造意志在创新过程中具备目标明确、坚韧不拔和自我控制的特质；创造兴趣则促进了创新活动的成功，驱使人们积极追求新颖事物的心理倾向；创造动机作为推动创新活动的力量，激发和激励着人们进行创造性工作的决心和动力。这些要素共同构成了创新意识的基础，推动着人们在不同领域展现出卓越的创造力和创新能力。

（二）大学生创新意识的培养

创新是民族进步的核心，也是国家蓬勃发展的源泉。创新意识和创新思维是创新教育的核心要素。为了培养大学生的创新能力，必须着重培养其创新意识。创新是知识经济的本质所在。通过激发创新意识，能够激发创造力和创新潜能，使之成为未来社会的创新驱动力。

1. 破除创新思维枷锁

影响大学生进行创新思维的束缚可以分为五种：自我贬低型思维束缚、书本型思维束缚、经验型思维束缚、权威型思维束缚、从众型思维束缚。这些束缚如同监狱，限制了大学生的思维自由。要走向创新的世界，大学生需要摒弃旧有观念，勇于冲破思维的壁垒，只有解放思维、超越传统，才能进入创新的领域，探索新的思想境界。通过打破思维的限制，大学生能够展现出独特的创造力和创新能力，为社会进步和发展作出积极贡献。

2. 充分激发创新思维潜能

（1）精通所学，兴趣广泛

创新绝不是无本之木、无源之水，唯有打牢知识基础，才有可能创新。因此，大学生应精通所学课程，并培养广泛的阅读兴趣。处处留心皆学问，学习绝不仅限于课堂和读书。事实上，学习无处不在。与他人交流是学习，上网是学习，看电视也是学习，其关键在于我们是否用心。例如，看古装电视剧时我们可以了解一些历史知识，如古人的习俗、衣着、饮食习惯、家具陈设等；看现代电视剧时我们可以了解当代年轻人的所思所想所为等。

（2）理论与实践相结合

读万卷书，行万里路，唯有理论与实践相结合，理论才有意义。大学生应该活读书、读活书，而不应死读书、读死书。只有精通理论，才能进行实践，只有拥有丰富的实践经验，才能产生新的理论。

（3）打破砂锅问到底

大学生要培养自己的创新意识，应富有怀疑精神，并探究各种事物的本源及实质。

（4）投身社会实践

实践是检验真理的唯一标准，为了培养大学生的创新意识和能力，必须让其积极参与社会实践。只有通过实践，才能揭示思想与行动之间的差距，创新理念才能变为现实，创新意识、创新能力才能得到真正的发展。

五、创新精神

（一）关于创新精神

创新活动受到人们精神因素的支配和影响。在现实社会中，个体参与的各种社会活动都受到其精神状态的制约和影响。创新精神是指引导和支持人们从事创新活动并取得成功的精神因素。

有人认为，创新精神等同于勇气和敢于行动。然而，这种观点是片面的。创新精神确实包括勇于思考和行动的品质，但并不仅限于此。创新活动通常是复杂的社会实践，需要应对来自各个方面的问题，包括思维和认知问题、科学文化知识问题以及仪器设备问题等。同时，创新还受到自身、他人和社会等多个层面因素的影响。

以知识创新和科技创新为例，这实际上是人们学习、理解、转化和运用科学知识的过程；同时也是人们对事物思维、观念、认知提升的过程；以及追求新颖、抛弃陈旧观念、突破障碍、克服困难的过程。因此，创新过程也是评估个人精神状态的过程。在这一过程中，缺少认真的态度、强烈的渴望、崇高的理想、协作的精神、坚定的信念、顽强的斗志、无畏的勇气是无法实现创新的。

创新精神是一种综合的心理素质，其主要包含以下几个方面：首先是奉献精神，即为国家争光、造福人民的精神；其次是进取精神，表现为对科学探索和真理追求的热爱；再次是务实精神，强调脚踏实地、认真严谨的态度；同时还有拼搏精神，意味着不畏艰难，坚持不懈的努力；此外还有超越精神，意味着追求卓越，敢于率先垂范；最后是团队精神，强调团结合作、共同努力的意识。

伟大的科学家爱因斯坦和爱迪生,以及我国的钱学森、李四光、邓稼先等老一辈科学家,在科技发明和创新领域取得了辉煌成就,成为世人瞩目的伟大科学家。他们的成功源于独特的创新精神。

在当代全球经济竞争中,许多中外著名企业如美国的西方石油公司、日本的松下电气公司,以及我国的海尔集团等,都能在激烈的市场竞争中取得成功并保持稳定发展。这背后的关键因素同样是企业家们的创新精神。大学生作为未来社会主义现代化建设的主力军,更应该具有这种创新精神。

(二)当代大学生创新精神的基本内容

在当前的历史阶段,大学生的创新精神应该涵盖以下六个方面的要素。

1. 有远大理想

理想犹如燃烧的火焰,能点燃大学生奋发进取的精神。一位杰出人士曾言,伟大目标能激发出强大力量。如今倡导的"四有"新人,同样将理想置于首要位置。当代大学生肩负着现代化建设的重大责任。要成为社会主义事业的合格建设者和接班人,必须开创前人未曾涉足的领域,走上前人未走过的道路,创造前人未曾达到的成就。在这一使命中,树立崇高的理想成为必然。

也就是说,要怀揣着强烈的使命感和责任感,用勤劳的双手去建设祖国,使其更加繁荣富强,最终实现共产主义。只有拥有如此崇高的理想,方能拥有永不枯竭的创新精神,不为个人得失所困扰、不为困难所屈服、不为挫折所泄气、不为成绩所满足、不为胜利所骄傲,始终坚定地朝着最终目标迈进,永不停歇。这样的远大理想是激励大学生不断前行的动力,让他们铸就辉煌的未来。

2. 思想解放

解放思想是中国共产党思想路线的重要组成部分,也是当下时代的显著特征。人们要坚定地解放思想,不局限于旧有的观念束缚,勇敢面对新的挑战、解决新的问题和克服新的困难;不断调整视角和思维方式,广泛接纳符合客观事物发展规律、有利于现代化建设的新思想新观念;不停止脚步,不停滞不前,不固守旧有的框架,敞开胸怀,积极接纳和运用新的思想资源和创新成果。

特别是在当代,大学生要成为社会主义现代化事业的合格继承者和建设者,就必须深刻理解和切实践行党的思想路线,解放思想,并培养开放性思维方式;

要克服思维定式，不囿于传统观念的限制，勇于探索新领域，敢于打破旧有框架，积极迎接变革。这是创新精神的重要因素。如果仅仅满足于书本知识，止步于现有结论，无法应对不断发展的实践和社会进步，面对新事物束手无策，那么大学生将无法适应时代的需求。

3. 有独立人格

具备独立人格的人具有坚持独立思考、不依赖他人、不盲从潮流、不屈服于逆境、不任凭命运摆布的品质，同时，他们通常拥有强烈的自我意识，具备自力更生、奋发向上、勇于竞争和敢于创新的精神。这些特质都是创新精神的重要组成部分。相反，缺乏独立人格的人只会盲从大众、追逐潮流，无法展现创新的精神。

因此，必须重视培养大学生的创新精神，并特别注重培养他们的独立人格。这意味着需要着眼于培养大学生独立思考的能力和习惯，使其勇于坚持真理、敢于探索，并展现出鲜明的个性特征和气质，以适应多元化、充满活力的现代化建设需求。

然而，如果不重视这一点，过分强调招生、教材、教学方式以及测试标准的统一等，很可能导致培养出来的人才都千篇一律、毫无个性可言。更糟糕的是，大学生可能失去独立人格，变得依赖他人，这种情况应该引起大家警惕。

4. 求知欲强

智慧是知识赋予的宝贵财富，赋予人们力量和能力。创新总是紧密地与新知识相伴随。然而，获得知识需要经过刻苦的学习过程，因此，可以说创新精神的强弱与求知欲成正比。那些拥有较强创新精神的人通常怀有强烈的求知欲；相反，一个不重视学习、不善于学习的人很难产生新的思维和创新的行动。

只有通过不断学习和积累知识，才能拓宽人们的思维边界，汲取新的思想和观念，并将其应用于现实生活中的创新实践。知识的积累和不断学习的过程激发了创新潜能，超越传统的思维模式，寻找到新的解决方案和机遇。因此，培养强烈的求知欲和持续的学习态度对于培养创新精神至关重要。

对于那些追求创新的人来说，学习不仅仅是获取知识，更是一种持续的探索和成长过程。通过不断学习，能够不断提升自己的认知能力和思维水平，从而更好地应对复杂多变的挑战和机遇。因此，应该珍视学习的机会，保持求知的心态，并将所学应用于实际中，以推动创新的进程。大学生只有持续不断地追求新知识，才能不断提升自己的能力和素质，与时俱进。

随着知识经济时代的兴起，对于求知的要求也更加迫切。当代大学生，必须清醒地认识到，尽管学校教育可以为他们提供一些知识，但远远无法满足快速发展的现实需求。因此，培养并保持强烈的求知欲望是培养创新精神的重要基石。应该持续不断地追求新知识，不断拓展自己的知识边界。

5. 有超前意识

人的认识能够根据客观规律预测未来，为创新奠定基础。要具备这样的能力，就需要有强烈的超前意识，既关注当下的工作，也思考未来的发展。在实际工作中，善于思考未来的发展趋势，能够在顺利时洞察危机，在困难时发现机遇，以迎接未来的挑战。在当今知识爆炸、竞争日益激烈的环境中，仅仅遵循常规完成当前任务的做法已经不足以应对新的挑战，甚至无法胜任现有的工作。面对不断变化的需求和不断涌现的机遇，大学生必须树立强烈的超前意识，勇于引领潮流，走在时代前沿，不断创新，努力有所作为，为社会主义建设作出贡献。[1]

6. 有务实精神

务实精神的核心是以科学态度尊重客观规律。创新必须与客观规律保持一致，是对客观规律的深刻理解和灵活运用。因此，创新者必须具备踏实、务实的态度和对客观规律的准确把握能力，同时还需要具备实践能力。实践过程是复杂的，需要具备克服困难和应对逆境的能力，要有开拓进取的勇气和毅力，将事业推向前进。此外，协作精神也至关重要，因为事业的成功不是个体的努力可以实现的，实施创新精神也不能仅靠个人孤军奋战。因此，务实需要具备良好的协作能力，这是非常关键的。

（三）大学生创新精神的培养

1. 培养大学生创新精神应清除的思想障碍

作为一项现实的人才工程，培养大学生的创新精神，必须排除人们的各种思想障碍。

---

[1] 曲洪志，王业兵，高军. 成就你自己：大学生成才之路 [M]. 济南：山东大学出版社，2007.

（1）破除"一贯制"的思想，确立创新教育的观念

教育一直以来都是知识生产的重要组成部分。在人类开始从事生产活动之初，就出现了原始教育的雏形。一千多年前，韩愈将教育功能概括为"传道、授业、解惑"，这成为教育者的信条，并被广泛应用于评价教育工作者。然而，随着社会知识生产的迅速发展和科技的快速进步，传统的教育理念已无法适应新形势和新要求。当前社会面临知识爆炸和日益激烈的竞争，仅仅按部就班地完成手头工作已经不足以应对新的挑战，甚至无法胜任现有任务。然而，仍有一些人坚守着传统的思维定式，对于新的变革持有保守的态度，眼界狭窄，迷恋着守旧观念，缺乏对培养学生创新精神的紧迫认识。这种教育方式存在多种心理和伦理缺陷，与当代核心价值观相抵触，严重阻碍了高等教育的改革和推行创新教育的进程。列宁表示，众人的习惯是一种可怕的势力。[1]因此，身为高校从业人员，应主动适应时代潮流，坚定创新教育理念，稳固培养大学生创新精神的思想基础。

（2）破除"一锅煮"的思想，确立因材施教的观念

随着人类进入信息低成本无限复制的信息时代，纯记忆型能力逐渐贬值，而想象力和创造力变得越来越重要。然而，在创新教育中，仍有一些人无法摆脱应试教育的束缚，依然采用机械式的流水线方法，缺乏个性化的教育和全面素质的培养，这种思维方式使得创新教育变得肤浅。高校在实施素质教育的过程中，应当强调因材施教的理念，并深入探索制定培养大学生创新精神的教育改革方案和实施计划。这需要高校认真思考，结合实际情况，个性化地引导学生的学习和成长，以激发他们的创新潜能。

（3）破除"一阵吹"的思想，确立常抓不懈的观念

近年来，各所学校纷纷将培养学生创新精神视为一项重要议题，高等教育机构在这方面的研讨和实践中处于引领地位。然而，在实施培养创新人才的战略任务时，仍有些人对此持有应付表面的态度，这种短视的思维对于长期培养创新人才的目标极为不利。

为了激发学生的创造能力和培养创新意识，需要具有创造性的教材、拥有创造力的教师和鼓励创新的领导者。具有创造性的教材能够引导学生思考和探索，培养他们的解决问题能力和创新思维；具备创造力的教师能够激发学生的好奇

---

[1] 钱广荣.新世纪师德修养读本[M].合肥：安徽人民出版社，2000.

心，引导他们主动参与学习过程，并提供实践机会和支持，使之能够在实践中发挥创新潜能；鼓励创新的领导者在学校中起到关键作用，为教师和学生提供积极的环境和支持，推动创新理念在整个学校范围内蔓延。

2.培养大学生创新精神应遵循的教育原则

培养大学生的创新精神需要从多个侧面、多个方向、多个角度来提高和培养其创造能力和求异思维，而不应仅固守单一方法、单一形式、单一路径。要注重思考核心意义，而不仅仅局限于具体的表现形式。为了实现这一目标，要遵循以下教育原则。

（1）递进性原则

根据人才等级分布的规律，可以将管理系统中的人才分布比喻为按照能量大小有序排列着的原子核外的电子层。现代管理三角形理论指出，人才等级分布可以划分为四个层次：最底层是操作层，第二层是管理层，第三层是执行层，顶层是经营层。

在培养创新精神的过程中，从思维角度来看，首先是培养求异思维；接着是发展发散性思维，也被称为"多向思维"；最后是培养综合归纳思维，即辩证思维。从能力层面来看，首先是培养模仿制作能力，其次是培养革新求异能力，最终是培养创新制造能力。因此，多层次地培养大学生的创新精神应该是一个逐步深入的过程。

（2）综合性原则

在现代高效率管理中，需要在整体规划的基础上明确分工，并在分工的基础上进行有效综合。在当代大学生中，热爱祖国、好学上进是其主要特点。然而，由于应试教育的负面影响，一部分学生在进入大学后表现出了多种适应问题。例如，缺乏自我控制能力，生活自理能力不足，与同学相处时易显露自私行为，在取得成绩时容易产生自负，遇到困难时容易自卑。为此，家长在孩子的成长过程中，要注意培养他们的独立生活能力、处理问题能力、与他人交流合作的能力；学校要开展注重科学性、趣味性和创造性的丰富多样的课外和校外活动，在欢乐的氛围中巩固和加深课堂上所学的知识。同时，这些活动也能够拓宽知识面，激发兴趣和潜能。通过这些活动，培养大学生良好的社会责任感，以及乐于创新和奉献的精神。社会要为大学生的成长、成才创造优良的社会环境。总之，家庭、社会和学校应该相互协作,共同肩负起培养大学生的创造精神这一重要责任,并在多个层面配合,提供全面的培养环境。

3.培养大学生创新精神的主要途径

为了培养当代大学生的创新精神,高等教育需要采取多种途径,以适应多层次培养机制的需求,以下是主要的几种途径。

(1)精心陶冶大学生的创新激情

构成个人创新和创造能力的基本要素之一,是具备对社会、国家、人类和科学文化的高度责任感和强烈事业心的创新激情。如今"世界确实成了一个环球村庄。我们生活在有决心、受过良好教育、有强烈动机的竞争者之中"[①]。

学校要通过教学和其他活动,帮助学生深刻理解时代的特征,并认识到自己所承担的历史责任。对于大学生,要进行有针对性、富有成效的爱国主义、集体主义和社会主义教育。这样的教育将有助于学生全面发展,提高对社会和国家发展的贡献意识,为实现民族复兴和人类文明进步贡献自己的力量。

创新的激情还源自对科学技术发展史和人类文明史的了解。马克思主义哲学课和专业课的教学,让大学生了解人类文明的辩证发展过程。

(2)为大学生创新奠定坚实的知识基础

创新的方式可以概括为三种情况。首先,在前人成果的基础上,持续推进并延伸其思路。其次,发现并纠正前人的错误观点,进行修正和改进。最后,开拓新的领域,创造全新的成果。这些创新过程都紧密依赖于对前人所创造知识的吸纳和积累。实际上,深厚的知识储备是成功的关键之一,只有通过积极创新,并以扎实的基础为支撑,才能实现更卓越的成就。

即使怀有激情,却缺乏坚实的基础支撑,创新也只是空洞的幻想。为了帮助学生建立坚实的创新知识基础,教师需要不遗余力地培养和引导。着重研究未来高级专业人才,尤其是创新型人才的素质结构和智力要求,以此为起点实施课程改革。这样的改革能够确保教育与社会需求的紧密结合,使学生具备适应未来发展的能力和素养。同时,还需要关注学生的综合能力培养,包括创新思维、团队合作和实践能力,以培养出更多具有创新精神和实践能力的高级专业人才。

---

① 瞿葆奎.美国教育改革[M].北京:人民教育出版社,1990.

在进行课程改革时，在课程设置中应给予人文素质教育类课程足够的重视，确保形成有助于创新基础的完整课程体系。"人类社会已进入信息革命的新纪元。当代科学技术发展的一个鲜明特征，是日益求助于多学科融合来解决各种问题。不仅要求自然科学、技术科学等各门学科的广泛合作，而且要求把自然科学、技术科学和人文科学、社会科学结合起来，综合运用多学科的知识和方法。"[1]可见，人文素质教育类课程的重要性，不仅仅在于提升学生的文化品位和素养，更在于培养学生拓展视野、激发思维活力和发展创新能力。因此，在设计人文素质教育类课程时，应根据不同专业的特点和培养创新人才的需求，精心策划限选和选修课程，而不是简单地开设一些应景的人文课程。此外，课程设置还应考虑将与创造学相关的课程纳入其中，通过系统学习创造学的知识，让学生了解创新和创造的内涵，掌握实现创新所需的条件，包括个人素质和客观规律等，从而能够有意识地、而非盲目地踏上科学创新之路。

（3）强化创新意识，注重能力培养

培养创造性人才需要其具备创新意识。因此，要培养学生拥有以创新为荣、追求创新、崇尚创新的意识，并注重培养学生的创新能力。

长期以来，我国的大学课堂教学仍然以教师为中心，即由教师主导授课，学生被动听讲的方式。这种教学方式不利于问题的发现、分析和解决问题能力的提高，也无助于培养学生的创造性思维能力。为了改变这种状况，教师应积极改革教学方法，以培养学生的创新思维能力为目标。

首先，要树立教师为主导、学生为主体的教学思想。充分调动学生的主动性，为其提供独立思考的机会，并在课堂上表达自己的见解。

其次，要鼓励学生敢于质疑、敢于提出问题。在课堂的讨论和研究中要秉持真理面前人人平等的精神，勇敢提出问题，勇敢对前人的观点进行质疑。如果观点有偏颇，在纠正错误后继续鼓励这种精神。这样才能营造出真正研究学问的氛围和风气。

通过各学科领域的生动事例，激发学生的思维启示，引导其逐步掌握面对难题时的思考方法，勇于提出假设并谨慎求证。这样，才能成功地抵达创新的彼岸。

---

[1] 杨叔子，姚启和. 论重点理工大学实现四个转变[J]. 高等教育研究，1996（02）：5-10.

第二节　创业与创业精神

一、创业的科学内涵

"创业"一词有着较宽泛的解读,"创",即开始、创造、开创、设立之意。莫里斯(Morris)从创业的"创造"功能角度来诠释创业,总结出创业的7种本质,分别是:(1)创造财富。创业是根据目标做出的风险决定,通过生产产生利润。(2)创造企业。创业涉及新交易的建立。(3)创造革新。创业包括独特能源的组合,旨在创造新的产品、工序、组织形式、能源供应和市场。(4)创造变化。创业是一系列的改变过程,暗示着为了捕捉不同的有效市场机遇而做出的改变。(5)创造就业。创业包含雇佣、管理、开发和生产(包含劳动力在内)等要素的发展。(6)创造价值。创业为了开发新的机遇以创造价值。(7)创造成长。先发制人(积极)地在利润、销售额、资产和雇佣方面促进增长。[1]

综合以上对于创业的理解,本书认为,创业是指发现市场商业机会,将拥有的资源进行整合,通过创建企业或创新企业组织结构,将商业机会转化为盈利模式,从而创造出更多财富和价值的过程。创业可以分为广义和狭义两种,广义的创业包括创业者进行的各种创业实践活动,而狭义的创业则指的是创业者从事的生产经营活动,主要集中在创立个体和家庭小型企业两方面。

从以上关于创业的定义可以看出,"创业"有以下内涵。

首先,创业的潜力在于市场的发掘和价值的实现,市场成为财富实现的途径。

其次,创业的本质在于发现和利用商业价值,即要创造或认知到事物的商业利用价值。

最后,创业的目标是创造财富和实现个人的人生意义。创业者进入市场、建立实业,代表着人生态度和生活方式的重大转变,为自己创造一个实现个人人生价值、回馈社会、追求抱负、展示才能并服务国家的舞台。

---

[1] 赵保国,彭继红. 公司运营与管理 [M]. 北京:北京邮电大学出版社,2008.

二、创业的特点和类型

（一）创业的特点

1. 创业是主动进行的创造活动

知识经济的不断发展，对人们的素质提出新要求。在此背景下，人们会主动开辟一种新的生存理念和生存模式，来改变原有的生活方式，提高生存能力。

2. 创业是创造价值的过程

创业是对社会资源的重新组合、配置和利用，创造更多价值、新事物的过程。

3. 创业具有一定的风险

创业面临的挑战在于不确定的创业环境、复杂的创业机会和企业要素，以及创业者、团队和投资者的能力和资源限制，这些因素都可能导致创业的失败风险。创业的成功与否取决于如何应对这些挑战，在适应环境变化、把握机会、提升自身能力和整合资源等方面付出努力。创业者需要具备冒险精神和创新思维，同时注重团队建设和合作，以提高创业的成功率和持续发展能力。

（二）大学生创业的特点

1. 激情性

大学生初入社会，年轻有活力，勇于拼搏，无太重负担，具有较强的社会适应能力；自信心较强，对自己认准的事物有激情去体验。

2. 知识性

大学生通过在学校的专业学习，掌握了一定的专业技能及专业知识，这些是创业的基础。

3. 创新性

大学生思维活跃，接受新事物较快，创意新、点子多。

4. 经验缺乏

大学生意气风发，对创业满怀希望，但难免经验不足，缺乏对市场的了解，对风险和困难的抵抗力较为薄弱。

（三）创业的类型

创业类型的划分有多种方式，比较常见的是按照创业动机、创业起点、创业项目类型、创业方向或风险，以及创新内容进行划分。

1. 按创业动机划分

根据创业的动机不同，创业可以分为就业型创业和机会型创业两种。就业型创业是指创业者出于生计考虑，自觉或被迫地选择了创业的道路。机会型创业是指创业者的初衷不是为了谋生，而是为了抓住和利用市场上的机遇。

2. 按创业起点划分

根据创业的起点不同，创业可以分为两类：企业内创业和创建新企业。企业内创业是指在现有企业内有目的地进行创新的过程。在这种模式下，创业者可以依托已有的组织结构和资源，有针对性地推动创新和变革。创建新企业指的是创业者个人或团队从零开始建立全新的企业组织。这一过程充满挑战和激情，创业者可以充分发挥个人的想象力和创造力，但同时，创业者往往因为缺乏足够的资源、经验和支持体系，也面临巨大的风险和困难。

3. 按创业项目类型划分

根据创业项目的类型不同，创业可分为三类：传统技能型创业、高新技术型创业和知识服务型创业。传统技能型创业指的是基于传统技术和工艺的创业项目，涵盖了各种传统行业和手工艺品制作等领域。高新技术型创业指的是涉及知识高度密集和前沿性研发的新技术和新产品项目，通常需要较高的科技含量和创新能力。而知识服务型创业则是指提供知识和信息服务的项目，包括教育培训、咨询顾问、数字内容创作等领域。

4. 按创业方向或风险划分

根据创业方向或风险的不同，创业可分为四类：独创型创业、对抗型创业、尾随型创业、依附型创业。独创型创业是指提供能够填补市场空白的独特产品或服务，具有创新性和差异化。对抗型创业是指进入已被其他企业垄断的市场，与其进行竞争和对抗。尾随型创业是指模仿他人的创业行为，通过学习和模仿别人的经验或做法来进行创业。依附型创业指的是依赖于大型企业或产业链的存在，为其提供配套服务或经营特许权。

5. 按创新内容划分

根据创新内容的不同，创业可以划分为三种类型：基于组织管理体系创新的创业、基于营销模式创新的创业、基于产品创新的创业。基于组织管理体系创新的创业是指采用与其他厂商不同的企业组织管理体系，实现产品商业化和产业化的高效运作。这种创业形式是因为组织管理体系的创新而产生的。基于营销模式创新的创业是指采用独特的市场营销模式，与其他厂商区分开来，从而为消费者提供具有更高满意度的产品或服务。这种创业形式是因为营销模式的创新而产生的。基于产品创新的创业是指通过技术或工艺的创新，针对新的消费群体展开创业活动。这种创业形式是因为产品的创新而产生的。

三、创业的原则和过程

（一）创业原则

1. 适应性原则

在创业初期，不适宜选择不切合实际的大型项目，要选择自己感兴趣且熟悉的项目，最好在开始之前向他人学习或进行长时间的调研分析。这样可以对项目有清晰的认识，尤其是对风险有充分的认知。

2. 市场性原则

对于初创者来说，创意固然重要，但是产品的市场和销售更重要。许多创业者相信自己已经找到了一种独特的商业模式，但在实际操作中却发现并不可行。即使创意再好，如果没有销售渠道，也无法实现创业。因此，在创业的早期阶段，与其拥有优秀的创意，不如有效地推销和销售产品或服务。

3. 资金可控性原则

现金流是项目的生命线，其注入了项目持续发展的激情和动力。无论是来自实际收入还是投资，都要尽早实现现金流入，避免在创业过程中由于现金流中断而带来亏损问题。同时，要有止损底线，要敢于下决心喊停。

4. 实践性原则

每个创业者都需要在自己的事业中保持掌控力。成功的创业者初期都会亲自执掌舵席，并且通过亲身参与，不仅把握方向，还深入了解项目细节、与客户建立关系以及参与具体运营。马云、马化腾、乔布斯等在创业初期都担任产品经理或业务经理，逐渐扩展整体方向和战略。

5. 目标性原则

在创业初期，目标一定要简单清晰，要了解目标，聚焦战略，将资源、资金和人力、精力集中于某一项主业，避免"系统化""整合"等多元化的发展战略和目标。

（二）创业过程

创业过程通常包括产生创业动机、创建新企业以及实现回报等关键环节，涵盖了整个创业过程的各个阶段。一般来说，创业过程可以划分为以下几个主要环节。

1. 产生创业动机

创业的原动力是创业动机，其激励着创业者去寻找和辨别市场机会。创业活动的核心是创业者，而创业者是否有创业的意愿是决定创业活动能否展开的首要因素。创业动机不仅仅是短暂的冲动，更是经过深思熟虑、对创业目标和预期回报进行充分考量的结果。

2. 识别创业机会

识别创业机会是对潜在创业机会的细致分析和对创业成功的预期评估。创业机会可分为两类：一是偶然发现的机会，二是经过深思熟虑方才察觉的机会。国家产业政策的调整、人们物质与精神需求的变化、时尚风潮、人口和家庭结构的变迁、新兴技术的涌现等，都可能孕育着创业机会。创业者应具备敏锐的洞察力，能够迅速而准确地识别创业机会，并巧妙地整合知识、经验、技能以及其他市场所需的资源。

3. 整合有效资源

资源是创业的基础要素，而整合有效资源则是创业者开拓机会的重要策略。资源的整合具有重要意义，原因在于创业者常常无法直接掌握丰富的可用资源。事实上，许多成功的创业者都是从零开始的。因此，创业者需要整合各种资源，包括关键信息、人力资源和财务资源等。

创业者面临的挑战是如何在有限条件下获取和利用资源，以支持创业活动。首先寻找和获取关键信息，以了解市场趋势、竞争对手和潜在客户的需求。同时需要招募和管理合适的人才，以构建强大的团队来实现创业目标。此外创业者还需要筹集财务资源，以满足产品开发、市场推广和运营等方面的需求。

资源整合的能力对于创业者的成功至关重要。通过有效整合和利用资源，创业者可以弥补自身的短板，提高竞争力，创造更多的机会和价值。通过与合作伙伴建立紧密的合作关系，共享资源和经验，共同实现业务目标。因此，资源整合被视为创业者取得成功的关键要素之一。这种整合过程要求创业者有丰富的人际网络关系，善于寻找合作机会，灵活运用有限的资源，创造最大的价值。

4. 创建新企业

创建新企业需要进行充分的准备工作，其中创业计划、创业融资和注册登记是至关重要的环节。将创意转化为行动的关键在于制定一个周密的创业计划，其能够决定创业的成败。资金往往成为创业企业的瓶颈，因此创业融资在企业创建的过程中就显得尤为重要。一旦创业者完成了创业计划并成功获得融资，就可以按照法定程序进行注册登记。

5. 实现价值

创业者的目标是通过整合资源和创建新企业来实现价值，并通过实现价值来达到创业目标。

6. 获得创业回报

创业者追求创业回报的目的在于加强对事业的执着，因为创业回报能够激励创业者更加努力。

四、创业精神

（一）创业精神的内涵

根据哈佛大学商学院的定义："创业精神就是一个人不以当前有限的资源为基础而追求商机的精神。"[①]，从这个角度来看，创业精神是通过一种超越资源限制的能力，创造者能够捕捉和利用机会，并敢于承担必要的风险，以创造新价值为目标发挥创造力，实现创新的心理过程。

1. 创业精神的灵魂是创新

创业精神包含了创新的要素，正如德鲁克所述，创业精神是一个创新过程，

---

① 夏伯平，朱克勇，闫咏. 大学生职业发展与就业指导体验式课程教学手册[M]. 北京：现代教育出版社，2013.

在这个过程中，新产品或服务机会被确认、被创造，最后被开发出产品来并创造新的财富。[①] 缺乏创新，就不可能有新企业的兴起和小企业的蓬勃发展。

2. 创业精神的天性是冒险

只有拥有承担风险和勇于冒险的勇气，才能真正成为一名创业者。这一点在国内外的众多创业者身上得到了充分体现。尽管他们的成长环境、背景和创业机遇各不相同，但他们拥有的一个共同特点是，无论在多么不成熟的条件和不明朗的外部环境下，他们都敢于冒险，敢于成为第一个尝试者，勇敢地迈出第一步。

在创业的道路上，风险和不确定性是无法避免的。然而，真正的创业者不会因为困难而退缩，而是秉持着坚定的信念和追求，勇往直前，视挑战为机遇，将不确定性视为创新的土壤。在条件艰苦的情况下，他们保持乐观、果敢和勇敢，用自己的行动和努力开创新的局面。

正是因为这种敢于冒险的精神，创业者才能够开辟新的市场，创造新的价值。创业者的勇气和决心还激励着其他人，推动着社会的发展和进步。

3. 创业精神的精髓是合作

在现代社会，行业的细分越来越明确，没有人能够独自完成创业所需的一切任务。当面临困境时，团队成员团结一致、心思统一、共同努力，力图达成共同目标。

4. 创业精神的本色是执着

创业的道路充满了曲折和艰辛，选择创业就相当于选择了面对更多的困难和挑战，而创业精神正是从克服这些困难和挑战的过程中被展现出来。因此，创业者必须坚韧不拔，只有拥有战胜困难的经历才能不断成长，并抓住真正的成功机遇。

（二）创业精神的作用

创业精神作为一种积极的人生态度和精神状态，对个人的生涯发展和社会的发展具有积极的推动作用。

1. 创业精神对促进个体发展的作用

作为一个社会人，其发展必然要受到各种社会因素的影响。创业精神作为一

---

① 吴增源，钮亮，虎陈霞. 电子商务创业管理[M]. 上海：上海交通大学出版社，2015.

种思想观念、个性心理特征和行为模式的综合体,一旦形成,就会对人一生的发展产生重要影响。

创业精神中的创新精神、拼搏精神、进取精神、合作精神等,能使人树立积极的生活态度,在顺境中居安思危、不懈进取。具有创业精神的人,无论是创办自己的企业,还是在社会各行各业工作,都会志存高远、目光远大、心胸宽广;具有创业精神的人,无论在什么岗位,从事什么工作,其强烈的成就动机都会转化为内心强劲的、追求事业成功的动力。

2. 创业精神对社会发展的作用

一个国家的经济活力程度可以通过创业活动来体现。当一个国家的经济繁荣时,其创业活动也会更加频繁和活跃。西方发达国家的经济发展史拥有一系列令人振奋的创业故事,这些故事见证了创业的力量和影响。因此,创业被广泛视为推动国家经济和社会发展的重要动力,而创业精神更被誉为人类最宝贵的精神之一。

(1) 创业精神是经济发展的原动力

创业精神在国家和地区的经济发展中扮演着重要的角色。创业精神不但能够催生大批创业者和新企业,而且能够造就快速发展的新行业。据统计,在20世纪30年代,美国全国每年诞生新公司20万家;到了20世纪70年代中期,这个数字就翻了3倍;而至1994年,每年新增企业数达到了110万—120万家,翻了5倍以上,即大约每25个美国公民就有一个新公司。[1]

改革开放以来,中国经济的发展有目共睹,但随之而来的是许多问题,如食品安全、药品安全、环境污染等问题。我国致力于建立创业型经济体系,这样做有三个重要的益处。首先,有助于保持经济持续增长,特别是推动高新技术产业的发展。通过鼓励创新和创业,能够推动新兴行业的发展,为经济注入新动力。其次,创业型经济有助于调整产业结构,淘汰过时的产能,减少环境污染,并优化产业结构,提高生产效率。最后,创业型经济能够应对我国日益严峻的就业问题。随着大量小型企业的涌现,优秀人才被吸引,小型企业借助灵活的用人机制和开放创新的企业文化,为社会创造更多就业机会。通过知识创新和技术创新带来的丰厚利润,刺激了个人创业者不断扩大企业规模,为整个社会创造了更多的就业机会。由此可见,创业精神是经济发展的原动力。

---

[1] 万哨凯,肖芳. 大学生创业教育 [M]. 武汉:武汉大学出版社,2015.

（2）创业精神是和谐社会的稳定剂

构建社会主义和谐社会的首要任务就是消除社会中的不和谐或影响和谐的因素，而解决就业矛盾就是其中很重要的方面。创业者通过"自谋职位"和"自我雇佣"实现就业的倍增效应。"以创业促进就业"是解决我国就业问题，特别是农村大量劳动力就业问题的根本途径，对于构建和谐社会具有深远的战略意义。构建和谐社会的目标是实现共同富裕，而激发创业精神能够推动全民创业，从而让广大民众更广泛地分享发展的成果，共同享有更公平、更多的发展机会，获得更可靠的生活保障，最终实现共同富裕的目标。对创业精神的鼓舞能够激发人们的创造力和创新能力，为社会创造更多价值和就业机会。通过创业，个人不仅能够实现自身的发展和成功，还可以为社会经济的繁荣作出贡献，促进资源的合理配置和社会财富的增加。

创业不仅仅是追逐个人利益，更是一种社会责任和担当。创业者通过创造就业机会，为他人提供稳定的工作和收入来源，帮助他人改善生活质量。同时，创业者的成功也会带动相关产业的发展，形成良性的经济循环，为整个社会创造更多的财富和就业机会。政府应当提供良好的创业环境和政策支持，为创业者提供便利和保障，鼓励创新和创业；社会应当培养创业意识，倡导创业文化，为创业者提供良好的资源和市场机会。只有全社会形成共同富裕的共识并落实于行动，才能实现经济的可持续发展和社会的和谐稳定。

（三）大学生创业精神的培养

1. 树立"广谱式"创业精神培育观

《关于深化高等学校创新创业教育改革的实施意见》是由国务院发布并实施的，其明确指出创新创业教育的基本原则是"面向全体、分类施教、结合专业、强化实践"，并且明确了普及创新创业教育的总体目标。因此，要从大学生开始，广泛而持久地开展创新创业教育。

2. 培养全面发展的能力

第一，大学生要培养自己的创新思维能力，善于在已有经验基础上，发现新事物、创造新办法，从而解决新问题。

第二，大学生要勇敢面对挫折，具有坚定的创业意志品质。

第三，大学生应该培养吃苦耐劳的品质，这是一种宝贵的素质，包含了在面对困难、挑战和逆境时能够展现坚定意志和顽强精神的能力。吃苦耐劳并不仅仅意味着承受痛苦和困难，更重要的是在困境中寻找机会，以积极的态度克服障碍并追求目标。培养吃苦耐劳的品质需要大学生具备坚定毅力和自律能力，学会面对挑战时保持冷静和乐观，不被困难吓倒，并且做到积极思考和行动，寻找解决问题的方法和策略。在日常生活中，大学生受到各种社会思潮的影响，其中包括奢侈浪费、追求金钱至上、忽视道德伦理和过度追求物质享受等不良倾向。这些思潮可能对他们的价值观和行为产生负面影响，甚至引发不良行为和心态。因此，大学生需要积极抵制这些不良社会思潮，并采取相应的措施来消除其带来的不良影响。

第四，大学生应该培养对危机的敏感性。在如今激烈的市场竞争中，如果没有对危机的敏感性，成功将变得越来越遥远。为了培养这种敏感性，大学生可以参加创业竞赛和实践活动，以增强对危机的认知和处理能力。

第五，大学生应该不断增加对创业知识的积累。创业精神具备勇于创新、敢于冒险、坚持不懈的精神，具备适应变化和应对挑战的思想。这种精神支持着创业者在具有不确定性和竞争激烈的环境中迎难而上，并为他们的创业活动提供了持久的动力和决心。因此，大学生需要认真学习各种创业知识，包括管理、法律和金融学等方面的知识，以便为创业做好充分准备，并能够在实践中应对各种挑战，保持从容和自信的态度。

3. 在课外活动中培育创业精神

大学生课外活动被誉为"第二课堂"，是培养其创业精神的重要途径。其中，创新创业工作坊、挑战赛活动以及专业社团活动等课外活动，默默地培养着大学生的创业精神。一方面，大学生要积极参加社会实践活动。社会实践活动涵盖了周末兼职、寒暑假工以及企业实习等形式。通过这些创业实践，大学生能够扩展自己的社会经验，从中发掘商机。另一方面，大学生要积极参加学校组织的各项各类"第二课堂"活动。大学生可以主动运用学校提供的创业实践平台，如大学生创业园等。通过积极参与创业实践，深刻体验创业的艰辛，从而增强个人应对压力的能力和锻炼个人的坚韧意志。这样的实践机会为大学生提供了一个锻炼自己创新思维和实际操作能力的平台，使其能够更好地适应未来创业的挑战。

第三节 创新与创业的关系

创新与创业是两个不同的概念,有一定的区别,但是两个概念之间却存在本质上的契合、内涵上的相互包容和实践上的互动发展。

一、创新与创业的区别

(一)内涵不同

从定义来看,创业是在商业领域创造新的机会,而创新是将新的想法或技术应用到市场中。创业可以包含创新,但并非必然;同样,创新也可以涉及创业,但并非必然。创新广义上指的是将创新成果转化为商业价值的过程,而创业则特指创建一个新企业的过程。前者完全可以在现有的企业组织结构内实现,不一定需要涉及企业组织制度的建设;而后者则必然需要建立和发展企业组织制度。因此,创业和创新在实践中有着不同的侧重点和范围。

就内涵而言,创新主要从将经济和技术结合的角度,来研究技术创新对经济发展的影响。而创业则指一种创造性过程,即新的非生命市场参与者的兴起和新商业的诞生,旨在通过引入新的商业理念和实践,推动经济的增长和创造就业机会。创业注重企业的起源、人们为何创立新业务以及商业创造的过程等问题;而创新是对生产函数,包括生产力、科学技术、生产资料、生产工期及劳动力和生产关系等的建立。

(二)研究侧重点不同

创新作为创业的手段,是独有的东西,它是思想的表达以及过程,就是为社会增添新的东西,偏重于理论分析。创业偏重于实践过程,即个体开创一份自己的事业,追求自己想要的成功。

二、创新与创业的联系

（一）主体的一致性

1. 实施主体的一致性

创业的关键资源包括创新能力、创业团队、运营资金以及核心技术知识等，其中创新能力被认为是至关重要的。在创业过程中，创业者需要具备创新意识和创新精神，以及独特而新颖的创新思维。通过富有创意的独特想法，探索解决问题的新途径和新方法，并不断克服企业发展中遇到的瓶颈和困难，最终实现创业的成功。

2. 价值主体的一致性

创业蕴含着创新的价值，而创新的价值在于将潜在的商机、知识、技术转化为具体的产品和服务，从而创造财富并实现企业的再创业。通过将创新成果产业化、商品化，创业能够实现社会财富的增值。每一次成功的创业背后都存在着价值的创新。创业是一个自我发展的过程，能够不断推动创新的实现。实际上，创新本质上就是"企业家精神"。

（二）时序的一致性

从创新的时效性看，企业创新常常从产品创新和技术创新开始，特别是在将科技成果推向市场的过程中。一般而言，新的市场需求常常首先体现在对产品的需求上，因此初始阶段的创新活动主要集中在产品创新方面。一旦产品获得市场认可，企业的关注点就逐渐转移到过程创新方面，以提升生产效率、改善生产工艺和降低成本为目标。在不同阶段的创新过程中，组织创新和管理创新也起着重要作用。因此，产品创新、过程创新、市场营销创新、组织创新和管理创新彼此交织、相互支持。这些不同领域的创新共同推动着企业的持续发展和企业竞争优势的形成。

第二章 当前我国大学生创新创业教育面临的问题

近年来提出的"创新创业教育"是一种全新的教学理念和模式，旨在满足经济社会和国家发展战略的需求。本章主要介绍当前我国大学生创新创业教育面临的问题，从三个方面进行阐述，分别是我国大学生创新创业教育的历史进程、我国大学生创新创业教育的现状分析、我国大学生创新创业教育的突出问题。

第一节 我国大学生创新创业教育的历史进程

一、中国高校创新创业教育的演进历程

1917年以来，中国开始提出创造教育的思想，并在"五四"前后积极展开相关讨论，因此在这一时期创造教育思想呈现出繁荣的态势。陶行知既是对创造教育思想有杰出贡献者，又是创造教育实践的积极推动者。在20世纪30—40年代中国教育趋于停滞的时期，他积极参与教育改革的探讨，并发表了多篇演讲文章，如《创造的教育》《创造宣言》《创造的儿童教育》等，为教育的发展作出了重要贡献。他的独特之处在于，成功地将创造教育和生活教育的理论与儿童教育思想相结合，为中国化、通俗化的创造教育理论作出了重要的贡献。在改革开放后不久，创造教育在全国快速兴起。1985年10月，中国发明协会成立，标志着国内正式成立了创造学的研究机构；1988年6月，中国创造学会成立，标志着创造学研究和创造教育被正式确立；1992年，中国发明协会中小学创造教育研究会成立，标志着创造教育在中小学中进入了组织化、协调性的发展阶段，这也预示着创造教育正在蓬勃发展。在这个过程中，创造教育向更高层次的高等教育拓展。

中国发明协会于1995年设立了高校创造教育分会，定期举行全国高等学校创造教育研讨会。在中国实际的发展状况下，推动创造教育发展必须结合社会的思想文化变革，因此只有全社会紧密协作才能达到最大的成效。

中央教育科学研究所于1998年提出"创新教育"的理念，来自20多个省市的教育研究机构与大、中、小学校共同合作，进行了关于创新教育的研究和实验。这个措施有效地促进了教育改革。从1999年下半年开始，越来越多的主流报纸开始宣传"创新教育"理念。

1988年，胡晓风提出了中国创业教育的概念，在该思想的引领下，四川省合川县（1992年撤县建市）以深入推行"生活教育整体试验"为起点，将各级各类教育加入试验的范围，并广泛进行创业教育的试验。胡晓风及其团队阐述了创业教育的全貌，并将其定义为"在人生历程之中进行创造和职业相结合的教育"。创业教育旨在协助个人设计一份合理的人生计划；培养三种基本能力，分别为生活力、劳动力、创造力。创业教育的三个准则为将科技、教育、经济结合起来，以德育为根本、以创业为应用。学业和职业一直密切相关。在创业教育方面，科学界定了完整的定义、目标和基本原则，这些定义和原则已经非常成熟和系统化。[①]

1990年下半年至1991年9月，由基础教育司劳技处牵头成立了国家协调组，参与了联合国教科文组织亚太地区办事处组织的教育联合革新项目，北京市、江苏省、湖北省、四川省、河北省和辽宁省作为其项目单位，旨在提高青少年的创业能力。自1992年初到1995年9月，江苏省不断深入研究创业教育，并在这个过程中获得了国家教育科学"八五"规划课题的经费支持。从1990年到1995年期间，创业教育的研究和实践主要关注继续教育、基础教育和职业教育等方面。通过大量深入的实验和研究，明确了创业教育的核心概念和周边关系，从而加强了持续推动创业教育实践和研究工作的能力。自2002年4月起，许多高校开始积极探索创业教育，随后教育部在9所大学展开试点计划。这一行动意味着中国高校正探索多元化的创业教育，并受到教育行政机构的支持和指导。在试验期间，各大高校采用了多样化的方式进行创新创业教育实践，形成了3种主要教育模式：以传统的课堂教学为基础、专注于引导学生提高对创业的认知和技能、以多元化

---

① 胡晓风.创业教育 教育整体改革的新构思[M].成都：四川教育出版社，1989.

的方式全方位展开。这些模式为其他高校提供了丰富的参考和借鉴。在2008年，教育部建设了32个人才培养模式创新试验区，旨在推进创新和创业教育。这些试验区取得了卓越的成就。全国高校可以借鉴试点和试验的成功经验，以此为指导，推广创新创业教育。

随着研究的深入，学术界越来越主张将创新教育与创业教育相结合，构建全新的"创新创业教育"理念。2010年，教育部发布了《关于大力推进高等学校创新创业教育和大学生自主创业工作的意见》，其中使用了"创新创业教育"的概念并给予明确定义，并提出这种教学理念和模式是为了适应当前经济社会和国家发展战略而发展起来的。这份全面、重要的文件是第一个促进创新创业教育的全局性、纲领性文件。它确定了创新创业教育的宗旨是面向全体学生，与专业课程教育相结合，贯穿整个人才培养过程。现在，创造教育、创新教育和创业教育已经在强调提高自主创新能力和促进创业就业方面实现了高度一致。这一趋势不仅体现了国家的发展战略，也响应了社会的需要。这种教育理念和模式新颖独特，具有科学引领高等教育改革和发展的重要意义。同时，它还强调了本质规定和明确了价值取向。2015年5月，国务院发布了《关于深化高等学校创新创业教育改革的实施意见》。这项政策的宗旨在于推进国家实施创新驱动发展战略，着力于调整优化经济结构，促进高等教育全面改革，并提高高校毕业生的创业和就业能力。这项政策的目标是将创新创业教育融入国家长期发展的规划中，提出了9项改革任务和30多项具体举措，旨在深化高等学校的创新创业教育改革并确立其基本思路和原则。

创造教育、创业教育、创新教育和创新创业教育的发展过程，犹如哲学发展历史中的花蕾、花朵和果实的生长过程。就像花蕾在花朵绽放的同时逐渐凋谢一样，谈到创业教育时很可能会否认创造教育的重要性。同样地，当创新教育成为焦点时，创业教育又可能被解释为在创新之路上的一种虚假存在形式。因此，可以将创新创业教育视为植物的真实形式，作为植物生长中代替前者的新一代教育形式。[①] 尽管我们不能简单地否定创造教育，也不能简单地否定创新教育以及创业教育，更不能简单地否定前面三者，但是它们之间确实存在着一种辩证的否定关系。从这个角度来看，现代教育趋向于强调创造性思维和创业教育，它们共同

---

① [德]黑格尔.精神现象学 上[M].贺麟，王玖兴，译.北京：商务印书馆，2017.

促进创新教育的发展。创新创业教育是对传统教育的有益补充和升级，在不断丰富自身内涵的同时不断进化发展。在这个过程中，产生了一个中介概念。虽然现在可以将创造教育、创新教育、创业教育融合成"创新创业教育"，但仍然需要注意这四者之间的历史背景和潜在差异。只有通过这种方法，才能明确四个元素在时间和空间维度中的位置，这有利于深化对创新创业教育的科学理解。

二、中国高校创新创业教育的探索与实践

（一）中国高校创新创业教育的兴起

就中国高校创新创业教育起步和典型事件而言，存在两种典型观点。一种观点认为，自1997年以来，以清华大学创业计划大赛为代表的事件成为了创业活动的重要起点。有研究指出，1997年清华大学创业计划大赛的举办正式拉开了创业的帷幕，高校创新创业教育在清华大学首开先河。这一说法的起始年份是正确的，然而具体的标志性事件不太准确。由于清华大学首届创业计划大赛是在1998年5月开始举办的，因此无法将其视为中国高校创新创业教育在1997年开始时发生的具有标志性意义的事件。另一种观点认为，中国高校创新创业教育的起点可以追溯到1998年，当时清华大学于5月首次举办了一场名为"创业计划大赛"的活动，并成功组织了大批学生参与创业。尽管这个说法中的观点正确，但它未能真实地反映中国高校在创新创业教育方面所取得的实际进展。

本书认为，中国的创新创业教育始于1997年。当时，清华大学率先开设了该领域的课程，这被视为一个具有非常重要的里程碑意义事件。其背后有两个原因。一个原因是据研究报告《创新创业教育在中国：试点与实践》的数据显示，自1997年起，清华大学经济管理学院在MBA培养计划中开设了创新与创业方向的专业课程。这个方向的导师团队已成为创新和创业课程的核心教师。[①]1997年是中国高校开始推行创新创业教育的起点。还有一个原因是，据雷家辅教授回忆，清华大学从1997年开始实施"创新与创业管理"方向的课程，并在1998年正式得到学校认可。尽管该方向的课程在1997年未被正式批准纳入学校课程，但实

---

① 中华人民共和国教育部高等教育司.创业教育在中国：试点与实践[M].北京：高等教育出版社，2006.

际上它已经与其他课程相结合。这说明在1997年,清华大学的MBA项目开始引进创新与创业方向的课程,因此这是中国高校创新创业教育的开端。

(二)中国高校创新创业教育的发展历程

中国高校创新创业教育以1997年为起点,到目前为止经历了4个发展阶段。

1. 高校自发探索阶段

自1997年起,清华大学、复旦大学、华东师范大学、武汉大学和北京航空航天大学等高校,就自发地开始开展富有成效的创新创业教育探索。中国高等教育在2002年首次实现了历史性的进展,毛入学率达到了15%并进入了大众化阶段。[①]教育部高等教育司在当年4月组织了一个名为"创新创业教育"试点工作座谈会。在这次会议中,明确了高等教育机构应该注重培养学生的创新思维、创新意识和创业能力,不应该局限于提高人才培养质量和社会适应性,这样才可以进一步巩固和提升高校在自主研究探索的阶段所获得的成果。

2. 教育行政部门引导下的多元探索阶段

2002年4月,教育部在9所大学启动了创业教育试点项目。在试点过程中,探索出了3种教育模式。第一种是以课堂教学为主导开展创新创业教育模式,以中国人民大学为代表;第二种是以增强学生创业意识、创业技能为重点的创新创业教育模式,以北京航空航天大学为代表;第三种是以创新教育为基础,为学生创业提供实习基地、政策支持和指导服务等综合式创新创业教育模式,以上海交通大学为代表。2008年,教育部启动了"质量工程"项目,并在创新和创业教育领域建立32个人才培养试验区,这一举措取得了令人满意的成效。

3. 教育行政部门指导下的全面推进阶段

2010年5月,教育部发布了一份文件,名为《关于大力推进高等学校创新创业教育和大学生自主创业工作的意见》,旨在支持和促进高校创业教育,激发学生的创新创业热情。这份文件成为推动创新创业教育的先驱。"创指委"由教育部聘请的一批在知名企业、企事业单位和高校等领域拥有丰富经验,并且在相关部门具有领导地位的专家和人士组成,旨在协助高等学校推进创新创业教育的工作。"创指委"是由教育部领导委派的一支专家队伍,致力于为高校提供有关

[①] 张继龙.高等教育大众化理论的解读方式与性质透视[J].河北科技大学学报(社会科学版),2018,18(02):88-93.

创新创业教育工作的研究、咨询、指导、评估和服务。高教司、科技司、学生司、就业指导中心这4个司局共同合作,推动创新创业教育、创业基地建设、创业政策支持和创业服务方面的发展,出现了一种"四位一体、共同促进"的形势。2012年8月,教育部发布了《普通本科学校创新创业教育教学基本要求(试行)》文件,目的在于制定和规范高等学校的创新创业教育,其中包括教学目标、教学原则、教学内容、教学方法和教学组织等方面。通过这些规范化的建设措施,促进高等学校将创新创业教育科学化和制度化。这项措施逐步促进政府带领创业、市场推动创业、学校支持创业、社会扶持创业、个人自发创业的趋势形成。

4. 国家统一领导下的深入推进阶段

在最近的几年间,出台了两项政策,极大地推动了创新创业教育的发展。第一个政策是2007年的"以创带就"。在党的十七大报告中,提倡以创业带动就业的方式来推进扩大就业的态势。报告强调,必须进一步加强政策支持和职业教育,以促进更多劳动者成为自主创业者和职业规划者。在以创业引领就业的政策指导下,高校创新创业教育注重解决最为重要的民生问题——就业,以促进社会和谐与政治稳定为导向。自主创业是一种另类的自由职业路线,通过不懈努力,解决大学生就业问题。从2015年起,"大众创业、万众创新"政策便成为另一项重要举措。据2015年发布的《政府工作报告》指出,为了推进经济的发展,需要大力支持大众创业、万众创新,同时提高公共产品和服务的水平,这些措施将成为促进经济发展的关键因素。该报告强调,大众创业和万众创新既能创造更多的就业岗位并提高个人收入,也有助于促进社会公平和进步。个体和组织应该积极追求创新,同时社会应该鼓励发展创新文化,以便人们在创造财富的同时获得更完善的文化价值和达成个人目标。随后,中国掀起了大规模的大众创业、万众创新热潮。考虑到当时的社会环境,我国政府在2015年5月发布了《关于深化高等学校创新创业教育改革的实施意见》。该文件指出以实施创新驱动发展战略、促进经济质量和效益的提升为目标,同时推进高等教育的全面改革,促进高校毕业生更高质量的创业就业。该文件详尽阐述了关于推进高等学校创新创业教育改革的主导思想、基本准则和总体追求,同时提出了9项改革任务和30条具体举措。根据国务院颁布的文件,中国高校的创新创业教育已经进入了在国家统一领导下深入推进的新阶段。高校创新创业教育已经进入一个全新的阶段,从以创业带动就业扩展为以大众创业、万众创新为核心来驱动经济社会发展；在这个阶段，创新已经成为创业的基础，并且鼓励和支持创新者去创业，以促进经济社会的持续发展并推动创新成为发展的主要推动引擎。

教育部高等教育司在2019年发表名为《深化高校创新创业教育改革有关情况》的文章，全面阐述了创新创业教育的现状及改革进展。19所大学创新创业示范基地由教育部和国家发展改革委员会合作创建，共同推进了200所高校在创新创业教育改革方面的深入实践。为促进创新创业教育改革，中央财政拨出了8.8亿元，用于示范区建设。全国累计有超过2.8万门课程开设，而示范学校则推出了超过2800门线上和线下课程，还推出了52门精选的网络公开课，进一步完善了创新创业教育课程框架。中国"互联网+"大学生创新创业大赛自2015年开展以来，已经成为我国推进创新创业教育改革的重要手段和平台。根据研究，有近90%的公司是赛后第一年成立的，大约有50%的公司成功获得了资金支持，而有19%的项目成功筹集了至少5000万元资金。在2018年，有13%的实践类项目年收入超过了5000万，而其中最高的项目年收入甚至超过了2亿元。①

当前，全国各个省份都在深入落实党中央、国务院关于支持大学生创新创业的决策部署，扎实推进高校创新创业教育改革。以广东省为例，为了营造良好的创新创业教育环境，在政策方面，广东省先后出台了《广东省高等教育"创新强校工程"实施方案》《关于深化高等学校创新创业教育改革的若干意见》等相关文件，要求高校建立新型人才培养模式，以创新创业为核心，致力于提高人才培养水平。出台了《广东省进一步支持大学生创新创业的若干措施》，聚焦大学生创新创业需求，汇聚相关部门合力，提出落细落实创新创业资助、加大创业担保贷款、深化高校创新创业教育改革等10条具体举措，确保大学生能够得到全方位的支持和保障，以便更好地参与创新创业活动。广东省高校总共提供了2383门创新创业教育课程、线上课程406门，出版相关教材228种。2021年以来，遴选省级高校就业创业"金课"26门，建设省级高校就业创业特色示范课程58门，4门课程入选全国高校就业创业"金课"；2022年遴选省级高校创新创业精品教

---

① 中华人民共和国教育部.深化高校创新创业教育改革有关情况[EB/OL].（2019-10-10）[2023-02-05].http：//www.moe.gov.cn/fbh/live/2019/51300/sfcl/201910/t20191010_402414.html.

材29本，不断提升全省高校创新创业课程和教材建设水平。在创新创业教育实践方面，截至2022年，广东省高校已建设创新创业实践基地3587个，面积307万平方米，其中，校内实践基地1321个，校外实践基地2266个。2022年，广东省大学生创新创业训练计划立项项目共18480项，支持经费达1.7亿余元，参与学生7万余人。广东省还将中国国际"互联网+"大学生创新创业大赛作为深化创新创业教育改革的重要抓手，建立完善长效激励机制，成功主办了第六届中国国际"互联网+"大学生创新创业大赛，并举办8届中国国际"互联网+"大学生创新创业大赛广东省分赛，超1.1万个参赛项目成功孵化落地创办企业，有55个项目融资超过2000万元，创造就业岗位超14万个。同时广东省还成立了"粤港澳大湾区校际联盟""粤港澳高校创新创业联盟""粤港澳大湾区青年创新中心"等，通过"双创"教育研讨会、"双创"训练营等形式，开展"双创"教育交流与合作，完善常态化互动机制。举办粤港澳大湾区大学生创新创业项目对接洽谈活动，累计吸引近3000个大学生项目团队，1100余家投融资机构、科技园区企业及孵化器参与，对接意向融资金额超10亿元。①

第二节　我国大学生创新创业教育的现状分析

从2003年开始，有关高校毕业生的就业创业文件就开始涉及高校毕业生创新创业政策。2015年5月，国务院颁布了《关于深化高等学校创新创业教育改革的实施意见》，以促进创新创业教育的蓬勃发展为目标。我国在教育方面推动创新创业取得了重大进展，在过去几年中有了令人瞩目的成就，但我们也应该清醒地认识到，在取得成绩的同时仍然存在一些不可低估的问题，形成了我国创新创业教育的困境。

一、创新创业教育课程体系初步形成

高校对创新创业教育非常注重，已经制定了一套课程体系，使得学生自主创

---

① 中华人民共和国教育部. 广东省深化高校创新创业教育改革 培植"双创"人才成长沃土[EB/OL]. （2022-12-12）[2023-02-05]. http://www.moe.gov.cn/jyb_sjzl/s3165/202212/t20221228_1036761.html.

业的比例持续上升；培养大学生的创业意识、激发创业热情并提高创业技巧，形成了多样化的课程体系；积极探索融合性课程，为培养高素质、高技能创业型人才提供新模式。

（一）课程覆盖面广

创新创业教育课程在高校的高度重视下已经被广泛开设。从研究型大学到高校高专类院校，都开设了创新创业教育课程，尤其是在面向全体学生的公共选修课中加入创新创业教育模块，使更多学生有机会接受创新创业教育，培养创业意识。

（二）课程体系多样

目前，国内部分高校的创新创业教育课程体系有多样化的特征，大致可以分为3类：第一类是面向全体学生的创业通识课程，以培养学生的创新精神和创业意识为目的；第二类是以创业强化班和精英班为主的创业教育课程，以鼓励学生成为自主创业者为目的；第三类是由国际劳工组织设立的创业教育课程，如"大学生KAB创业基础""创办你的企业（Start Your Business，SYB）"课程等以普及创业知识和技能为目的。上述课程体系在培养学生的创业意识、创业精神和创业能力等方面都已初见成效。

以浙江大学为例，浙江大学在全校公共选修课体系中，引入"大学生KAB创业基础"课程。该课程属于共青团中央、全国青联与国际劳工组织合作的KAB创业教育（中国）项目，其主要的教材来自国际劳工组织编写的英文教材，该课程体系是KAB创业教育（中国）项目的核心内容。这门课程涵盖8个主要模块，包括什么是企业、为什么要发扬创业精神、什么样的人能成为创业者、如何成为创业者、如何找到一个好的创业想法、如何组建一家企业、如何经营一家企业、如何准备商业计划书，教学时间为36学时。

浙江大学党委学工部引入"创办你的企业（SYB）"项目，该项目面向浙江大学全体全日制学生，学生只需经过面试选拔即可免费接受培训。SYB是"创办和改善你的企业（SIYB）"系列培训教程的一个重要组成部分，由联合国国际劳工组织开发，是为有愿望开办自己的中小企业的人量身定制的培训项目。SYB的培训课程总共分为两大部分：创业意识培训和创业计划培训。课程内容包括：将自己作为创业者来评价、为自己建立一个好的企业构思、评估自己的市场、企业人员组织、选择一种法律形态、法律环境和自己的责任、预测自己的启动资金、制订利润计划、判断自己的企业能否生存、开办企业。

(三) 创新创业课程与专业课程融合

将创业和创新教育的课程相互融合，这样可以更好地激发学生的创造力和创新意识。这种融合是未来创业教育的趋势，也是提高创新创业教育水平的必要条件。

将专业教育与创新创业教育相结合，可以及时获得所学领域、相关交叉领域以及相关行业的最新知识、信息和成果。把创新创业课程和专业课程结合起来，以创业活动为起点，注重实践环节，全面掌握专业技能，并针对创业活动提供相关技能培训，以满足学生需要。

国内高校开始了这方面的积极探索。温州大学以创业人才培养创新实验区为特色，在服装设计、法学、汽车工程等专业领域积极探索能将创新创业教育课程与专业课程有机结合的方式。温州大学鼓励专业教师将创新创业教育与经济学、市场营销、财务管理等专业课程相结合，开设诸如"中小企业创业实务"和"温州企业家创业案例分析"等与创新创业相关的选修课，以推动创新创业教育的发展。学生可以在汉语言文学、广告学、艺术设计、工程管理等专业中选修多门课程，比如"媒介经营与管理""鞋类产品市场营销""服装市场营销""服装企业管理""汽车营销学""汽车服务经营与管理"和"建筑企业管理"等。

针对温州独特的经济环境，温州职业技术学院推出了多门有关创业的课程，包括"温州经济研究""创意学及创造性思维""商品学知识讲解""品牌专卖店管理技巧"等。学院编辑了多本独具特色的创业教材，包括《创业指导读本》《温州创业史》《温州人精神读本》等，旨在帮助学生掌握创业所需的经济学、企业管理、文史、法律等知识。通过专业教学中的创业知识渗透，培养学生的创业意识。

二、创新创业教育的战略引领亟须强化

在当今世界的潮流趋势下，创新和创业能力的培养已经成为广泛的社会共识，

创新创业教育在各国教育当中的地位也越发重要，然而在产生根源和培育目标上的差异，导致了在施行过程中的显著差异。中国与美国对比，美国的现代高等教育经历了一个充分的市场化过程。在美国高校中，与创新教育相关的课程、教学模式，一开始仅是少数学生和教师的一种开拓性尝试。因此，在产生初期，美国的高校有个较为充分的孕育过程。随着这种尝试取得了社会效益和经济效益，这种开创性的模式得到了学校各个层面的认同和支持。学校与之相配套的制度、文化等得到完善，创新创业的实施拓展到学校的各个层面。当"创新创业"成为学校这个生态系统里新的常态，创新创业教育就能够自然而然地得到学校各个层面的有力支持。随着学校培育制度的日趋完备，它开始寻求更为具体的帮助，继而实现实际的收益，成为创新创业教育进一步发展的诉求。此时，学校通过与企业的合作，开始建立一种稳定长期的合作关系，进而获取学校层面无法获得的资源。当这种合作取得了良好社会效益和经济效益后，高校开始重新在战略层面定位创新创业教育，创新创业教育进一步被认同，成为与学生全面发展密切相关的一部分。学生创新创业能力的培养开始内化为大学人才培养的重要途径，创新精神真正地融入大学的精神内核当中，高校从内到外形成了一个稳定持续的拥有信息交流、资源交换的生态系统。自此，美国高校实现了一套成熟的、关于创新创业教育的模式。

与美国相比，我国的情况有着显著不同。经过十余年的发展和完善，我国的创新创业教育实现了从简单倡导向系统化扶持的转变。但是，我国高校创新创业教育最初源自就业上的压力，对于创新创业的诉求在一开始是较为被动的。围绕着提高大学生就业率、缓解大学生就业困难而搭建起来的创新创业教育体系，有着明显的功利色彩。与西方国家创新创业教育相比，由于缺乏来自高等教育内部原发性的诉求，我国高校在创新创业意识培养、创新创业人才培养目标上产生了混乱。我国的创新创业教育在整体上仍处于起步阶段。

（一）创新创业教育理念实施有待精准化

创新创业教育目标的不明确使得创新创业教育的理念较为短视。创新创业教育首先要培养受教育者具备创新的意愿和个性，而后则是使其具备基本的创业技能和企业管理技能。由于缺乏对于这两点的共识，我国的创新创业教育目前正呈现为一种"为了创业而创业"的状态。

1. 对创新创业教育的理解较为片面

在当前的大环境下，从教育主管部门到学校的师生，他们对于"创业"的认识仍较为片面。这种片面，集中在以下三点：教学主管部门把创新创业教育定位为引导和教会学生如何开办企业，无论是创新创业知识、创新创业政策的理念，还是创新创业技巧的培养，都被自然地归到了高校毕业生就业指导工作上，对这种教育的期望也就是缓解来自就业的压力；教师把创新创业教育认定为针对少数人的个性化教育或精英教育，属于第二课堂的辅导项目，由于与主要的考评体系脱钩，往往在落地的时候应付了事；学生把创新创业教育简单地理解为办企业、当老板，搞批发、卖"淘宝"，并不认为创新意识的培养和创业能力的提升能够真正地提升自身的综合素质。

2. 对创新创业教育的工具主义倾向

因为创新创业教育天生具有实践性较强的特点，在形成系统和广泛的共识前，创新创业教育极易被简单化，即把其当作个体获取某种实际好处的工具，而现阶段这种教育模式也得到了我国众多高校的认可。例如，以创业基地或孵化器的模式于各高校中进行创业教育的创新型体验，来为创办小微型企业或者是经营有关项目的学生给予有效指导；采用"创业大赛"的形式组织学生参与竞赛，推广创新创业教育；为迎合学生对于技能的要求，开办创业类课程，过于关注实训和操作层面。上述种种情况，折射出的是将创新创业教育庸俗化和工具化的倾向。在这种"实务"教育之下，实现创新型人才的培育和企业家能力的培养都是十分困难的。针对受教育者所学专业与创业之间的关系，曾有过一次问卷调查。从调查数据中，可以发现受访者对于创新创业与本专业之间相关度的看法，将近半数受访者认为关系不大。这说明创新创业教育在开展的过程中，并没有有效地融入大学现有的文化氛围当中，它作为一种"外来物"，没有获得校内各方的认同，使得创新创业被割裂开来对待。由于缺乏在学术上创新的原动力，创业行为就变成了为创业而创业。创新创业教育则很容易沦落为一种实操的工具。

（二）创新创业教育政策制定有待规划

政策体系的基本特点就是其自身是一个内在统一的有机整体，但纵观当前我国大学生创业教育政策体系，它呈现出明显的碎片化，尚未形成一个内在统一的有机整体，这突出表现在两个方面。

1. 高校创新创业教育的政策出自多个不同部门的政策文件中

虽然都是站在大学的层面上考虑，但实际上并没有形成统一的政策制定和发布主体。受教育者希望得到的扶持是多元均匀的。它涉及从资金、政策，到信息，再到氛围等的一系列诉求，单靠一个部门来满足这些诉求显然是有很大困难的。在高校内，与学生创新创业相关的部门包括教务处、学生处、团委、就业指导中心、学院等。创新创业教育的政策零碎地存在于各个部门制订的文件要求中。在搭建创新创业教育体系之初，各个部门大多是各自为政，独立地发布要求和主张。随着体系的不断完善，虽然大家意识到需要部门间的联动和协作来联合发布一些政策，可从整体上来看，由于政策的推行者来自各个部门，所以其对创新创业教育的政策设计缺乏全面性、系统性。就算是相互结合制定有关政策，各部门也大都从自身的角度出发，进而导致政策的设计出现零碎、散乱现象，因此即使从政策的内在出发，大都也无法以统一性来进行表达。

2. 创新创业的政策主要体现在就业的政策当中

在我国的大学生创新创业政策中，其显著特点就是让大学生在就业方面因创业政策而有所提升。就创新的创业政策而言，只是三三两两地出现在各种通知规定或者是就业的文件之中，而以大学生为创业主体的创新型创业政策是极少的。地方政府对于创新创业教育上所起的作用，主要集中在政策、技能、资金的支持及风险防控上。这些层面对创新创业教育的支持往往并不是一劳永逸的，它应该具有长期性并更具有连贯性，这样才能使创业者在创新创业实践过程中更有效地开展行动并确保成效。以创新创业来促进就业，这种功利性的考虑，使得在上层设计中对于政策目标的考量不够前瞻和长远，从本质上来说，这种政策支持并非扶持创新创业，而是旨在解决就业困难的问题。以创新创业带动就业的思维模式，直接使得相应的政策设计有着明显的应急和临时的特点。当就业的形势紧张时，政府部门就会制定一些激励大学生创业的临时政策来减缓就业压力；而当就业的形势发生变化时，政府又会根据实际情况来制定相应的应对措施。政府主管部门的政策有着明确的功利考虑，对于基层创新创业教育的开展必然产生负面作用，创新创业教育自然也就无法持续、稳定地发挥它应有的作用。

高校创新创业教育的提升发展需要从整体角度来进行思考，如何整合系统内部的资源、充分发挥系统内部不同要素之间的作用、保持创新创业教育生态系统对外部环境的开放,这些对于创新创业教育未来的发展具有十分重要的意义。

创新创业教育应当回归从个体生命成长的角度出发,将维系和促进每一个学生创新创业意识的觉醒、创新创业精神的培养作为创新创业教育最为根本的任务;而在创新创业教育系统的发展与运行过程中,要素间的协同也必须以为学生提供服务作为主导。教育者应当从观念、组织和制度的不同层面将高校的核心理念真正转型为创新创业,培育以鼓励创新为主体的大学文化,将高校的内部变革与创新创业教育、创新创业活动的实践结合在一起。高校应以营造创新创业教育生态系统的内外环境为主,重视大学创新创业的教育和活动之间的相互渗透与相互结合,注重大学生创新创业观念的培养和热情的激发,创造一个适宜的内外环境,使大学生能积极主动地接受创新创业的教育。

三、创新创业教育的内外保障体系亟待配套完善

创新创业教育是高校、政府、企业、家庭和学生多个要素相互联系、相互作用、相互支撑的一个协同系统。

(一)政策支持与高校实际需要之间没有充分契合

现阶段,政府政策支持的重心方向与高校实际需要还存在偏差,这在一定程度上导致"制度性压抑"。近年来,政府出台了很多有关创业优惠及扶持的政策,但政府制定政策的主要目的在于缓解就业压力。政策大多数是针对准备创办实业的在校生或毕业生的,如为其提供小额贷款及税收优惠,因此大学生创新创业教育的需求特点并没有得到充分考虑,无法涵盖各个层面,也没有覆盖到所有教育对象。此外,对于那些拥有广泛就业机会或已经有稳定工作的大学生而言,这种教育的吸引力较小。政府作用的发挥应该惠及或者适用于绝大多数的在校大学生,没有创业经历的大学生群体有更多的需求需要被满足和支持。因此,政府在政策扶持、信息咨询及项目支持的作用发挥方面尤为重要。

部分政策没有得到有效地贯彻执行。以高校为例,在支持大学生创业的工商注册问题上,大多数创新创业团队希望以学校作为注册地,但由于学校的土地性质为教育用地而非商业用地,需要办理一系列复杂手续且所在学校须承担全部责任,土地才有商业用途,最终创业企业只能在高校以外的社会孵化基地落地。再

如，各地普遍出台了小额担保贷款、大学生税收优惠政策、资金补贴和场地安排等扶持政策。由于部分政策并不能有效地实施，创业的环境也并不理想，所以在实际经营中，经营的成本会升高。为了与这些实时变化着的创业环境和政策相适应，大学生创业的规模在扩大时会受到或多或少的影响，其创业的发展也会受到制约。

部分政策与创业主体存在信息不对称的现象。教育部颁布一系列支持大学生创新创业的政策和扶持措施，并且一些政策、举措已实施多年，但有相当一部分创业的学生仍对政策没有理解或理解甚少，在实际创业过程中没有享受到应有的福利或支持。政策与创业主体之间信息不对称的问题仍然存在。

（二）高校与外部环境的协同程度偏低

高校在开展各类创新创业实践活动中，与政府或企业共建创新创业教育平台的仅占少数，与企业之间的创新创业教育合作仍有很大的发展空间。高校与外部环境的协同程度明显偏低，需要寻找更多的"切入点"和"共同点"。

社会和企业对创新创业教育缺乏实际支持。当前，创新创业教育的最大问题在于教育内容与实际的状况有距离。一方面，从企业、高校和社会的联系来看，还存在着沟通渠道不通畅、对社会需求的反应不够迅速等问题。相对而言，高校在捕捉市场动态、分析市场需求等方面不及企业高效、快捷，从而在创新创业教育方面会存在一定滞后性，需要企业进行相关信息的补充或更新。另一方面，很多企业并不认为高校的创新创业教育会对企业的发展有重要的促进作用，虽然一些企业和高校签订了实习协议，但这也只是参观或者蜻蜓点水式的操作，重视程度不够。企业没有提供专门的创业导师、扶持资金、创业讲座论坛、创业实习基地等。学校与企业之间欠缺为学生提供项目、资金和场地等的长效机制和渠道。

（三）高校内部对创新创业教育的共识度有待增强

由于高校内部主要部门对于创新创业教育存在不同的看法，因此在制度建设、实施成效、活动涵盖范围以及协作机制等方面存在一些问题和不足。

1. 制度有待完善

一是缺乏系统规划，缺乏对创新创业教育的顶层设计，使得实施路径不清晰。

二是制定的部分政策不具体，缺乏针对性、实效性，不接地气。虽然政府出台了一些鼓励大学生创业的政策，但这些政策真正落实起来不仅程序繁杂且作用不大。

2. 实施力度需要增强

就人才培养来说，虽然创新创业教育的理念一直被倡导，也被大力宣传着，但在实际的教学活动中，高校并没有将创新创业教育的理念真正地融入教学理念和培养模式中，在教师和学生实际的教与学过程中也没有真正贯彻落实，仅仅是在文件、会议或者口头上有所提及。比如，在人才培养方案中，学校未将创新创业相关课程列入必修课，大学未能充分激发学生的创新创业意愿和能力，创新创业课程和教师资源匮乏，因而导致学生很难得到充分的孵化支持。此外，学生创业实践基地对导师的聘请方面也存在不足。

3. 活动的深度和广度有待拓展

从创新创业氛围营造来看，虽然不少高校都举办创新创业大赛、创新创业讲座，通过各种媒介对创新创业学生典型进行了宣传报道，但其影响面和影响深度还不够。比如，创新创业大赛只是停留在选拔创新创业精英的层面上，参与大赛的学生比例太低，未能形成学生广泛参与、创新创业意识深入校园各个角落的好局面；对创新创业政策、典型人物的宣传基本停留在校园网的一两篇报道、宣传栏的一两张海报上，没有形成广泛关注、全校联动的长效机制；还未形成学生投身创新创业实践的热潮。

4. 创新创业孵化协作机制有待健全

目前，在高校内部参与协同的各环节中，发展水平差距大、运作步调不一致的问题比较突出，不能满足孵化机制全面运行的需要；校级创新创业教育领导小组的决策职能没有得到有效发挥；教务、学生、科技、就业和团委之间的协同工作还不够高效，需要进一步优化以形成更好的合作模式，存在补位缺失、工作重复等现象。

5. 共识有待形成

创新创业教育的各环节对创新创业教育的评价体系缺乏一致性认识，造成资源的浪费和对重点项目投入的不足。部分教师本身对学生创业不认同，认为学生的主业是学习，不应该鼓励学生创业。

（四）社会对创新创业教育的认识有待转变

就创新创业教育而言，社会存在不同的观点。创新创业教育被认为旨在培养具备创业家特质的人才。有些政府机构甚至将高校毕业生创业的比例作为衡量创新创业教育成效的标准。当前，创新创业教育主要在三个方面有待完善。

1. 企业支持创业的利益化动机强烈

现阶段，大多数企业支持高校创新创业教育的目的都停留在短期获利上，希望借助学校的技术、师资和资金等方面，来支持企业本身开设创业孵化基地，并通过招揽规定数量的实习生、生产创业孵化产品、利用学校进行推广宣传等形式来为企业盈利服务。总的来说，企业与高校合作创新创业的眼光过于短视，未能将目标放在培养企业人才、建立创新创业合作机制和服务社会等长远战略上，使合作可持续性受到限制。

2. 家庭对大学生创业不认同

由于我国社会长期受传统文化观念的影响，多数家庭还存在根深蒂固的"学而优则仕"观念，对创业不支持甚至是有偏见。目前，大多数家庭不支持子女参加创业教育，而是希望其将主要精力放在专业学习上，尽早备考研究生或公务员。

3. 社会各界对大学生创业时机的认识存在偏差

研究人员针对创业问题所做的调研显示，在校大学生、毕业不到三年的社会人士、创业导师对创业最佳时机均有不同的看法。其中，大多数人认为在企业工作1—3年是创业的最佳时机，相关数据也证实，在此期间创业成功的学生人数占比最高。高校创新创业教育应更加侧重培养学生的创新精神、创业意识和创新创业能力。同时，创新创业教育应不仅仅惠及在校大学生，更应扩展到毕业后的、有志创业的潜在人群，只有对其进行系列的创业培训和创业跟踪，才能使创新创业教育形成全方位、多层次的格局。

四、创新创业教育课程体系亟须完善

受到多种因素的影响，高校创新创业教育课程实施效果不佳，主要表现为课程体系的整合度不高、课程内容编排不合理、教学方法有效性不足。

随着创新创业教育和大学生的创业活动在校园兴起，创新创业教育课程越来越受到我国高校的重视和大学生的普遍欢迎。将创新创业教育内容融合在本科教育的课程体系中，采取合理的组织形式，优化课程设置结构，构建实施培养创新创业人才的、科学合理的创新创业教育课程体系显得尤为重要。当前，我国对高校在创新创业课程体系的建设上，仍不能很好地满足创新创业人才培养的需要。

（一）创新创业课程的专业化程度有待提高

在创新创业课程的专业化问题上，除了前面所述在创新创业师资方面存在的问题外，也出现了在课程结构上忽视学生的个性特点、在课程内容上忽视知识的多样化等现象，直接降低了创新创业教育课程体系的专业化程度。

当前，我国高校的创新创业课程仍处于起步和摸索阶段。一方面，在课程结构上，选修课居多，必修课和专业课较少。课程安排存在很大随意性，缺乏全面、持续激励学生开展创业实践的教育活动，难以提高学生对创新意识和创业能力的重视程度，导致出现部分学生为修学分而选课、选课者不了解课程设置意义等现象；另一方面，课程内容单一。许多专业还没有安排创业教育系列课程，即使有，也不够系统和连贯。

除了这些，在设置创业教学课程的时候，高校并没有将实践操作列入课程的内容之中，有些即使设置了，内容也不够丰富，这也是矛盾所在。目前，高校所开设的课程基本上都是教师单纯地传授理论知识，而实践操作却很少甚至没有。这种注重课堂授课且缺乏实践的教学模式较为普遍。总的来说，课程的专业化水平在与学生需求和社会需求相匹配方面仍然有极大的提升空间。

（二）课程体系建设的协同程度有待提升

从目前来看，高校、企业、社会间的协同程度相对较低。它具体表现在以下几方面：一是未能实现校内协同。部分高校将创新创业教育等同于专业知识教育，只在传统教学课程中安排教授，未能建立创新创业学分积累与转换制度，缺乏探索与创新创业相适应的学分折算体系，校内缺乏各部门联动的创新创业实践平台。总体而言，大多数高校尚未将创新创业引入人才培育体系中。二是校内外协同程度低。目前，多数企业对创新创业教育课程体系的参与，仅限于对高校实验技术的支持，仅有一小部分的学生和导师表示学校能与企业共建创新创业教育平台，校企间的创新创业联盟少，不利于推动企业发展模式的转变；校校、校企、校地、校所及国际之间的创业教育合作机会少、质量低，未能达到推进校内外协同育人、协同创新的目的。三是未充分整合政策资源。当前的教育政策对创新创业教育的鼓励支持多停留在理念层面，缺乏可操作性和实施性，再加上我国普遍存在的创业融资难等问题，使得创新创业教育课程体系的构建异常艰难。

（三）课程体系建设的实践资源有待优化

当前，创新创业教育课程处于"重理论、轻实践"的阶段，在教学课程规划中，理论性课程仍占大多数，能够让学生检验自己学习实效性的实践性课程仍然偏少，因此在课程体系建设中，实践性教学环节的作用仍没有被很好地发挥出来。

五、创新创业教育的文化支撑亟须加强

创新创业文化直接推动着社会经济的发展，创新创业文化还是创新创业教育活动开展的根基和引擎。从目前的情况来看，在国家和教育行政主管部门的大力倡导下，创新创业教育虽然取得了一定的成绩，但创新创业教育的文化支撑还相对薄弱，有待加强。

（一）对创新创业文化的理解有待理清

学校的创新创业文化旨在将创新和创业的理念融入学校教育中，以激发学生在校内积极探索和实践创新创业的思想。从实际情况来看，学校的创新创业文化涵盖物质、实践和精神层面。学校的创新创业物质文化主要指创新创业教育的场所、设施和器物等；学校的创新创业实践文化指的是在创新创业教育过程中，主体与客体相统一的活动；学校的创新创业精神文化指的是在创新创业教育中，营造出的对于参与其中的人具有感染性的思想氛围、敢为人先勇于开拓的企业家精神，以及与创新创业有关的思想、观念体系。

（二）创新创业文化存在的问题有待解决

创新创业文化作用不可小觑，但在目前的创新创业工作中，创新创业文化所发挥的作用还非常有限，上升的空间还有待进一步扩大，其对创新创业的支撑作用还有待从各方面努力进行固化。

1.高校普遍对于创新创业文化的理解存在偏差或者具有片面性

许多学校自发地把创新创业课程作为重点发展方向，旨在通过教育课程来高

效地推广创新创业文化。这种方法针对学生的思维和观念进行引导,从而在思想上培养创新创业精神。一些学校为了促进创新创业文化的发展,采取了各种措施,例如,举办创新创业相关活动、打造创新创业场所以及购置各种器材、在学校内外设置孵化器等。希望通过非常直观的方式来加深创新创业文化氛围对学校师生的影响和熏陶;通过增加活动的机会,积极促进创新创业氛围的形成。不论是在课堂教学中传授创新创业知识,还是创新创业项目的落地运营,都是创新创业文化建设不可偏废的一部分,任取其一都有可能造成其他方面的不足,从而影响创新创业文化对创新创业教育所发挥的支撑作用。与学生进行创新创业实践相比,创新创业教育的普及程度还比较低,高校创新创业教育的育人功能相对薄弱。

2. 目前的创新创业文化尚处于初级阶段,未得到明确的凝练

创新创业文化作为一种文化,若要发挥其"软实力",必须有清晰明确的核心价值。在建立核心价值的基础上逐步展开,使该文化范畴的思想、知识、活动和物质等都围绕着核心价值,成为核心价值在各个领域的延伸。但是,从目前来看,能够在一定范围内,如一个学校或一个地区内的创新创业文化尚未被真正构建起来,更不要说建立国家层面的创新创业文化。创新创业文化不只是要从历史古籍中去总结、从地方特色中去剪裁,还需要从目前正在进行的创新创业实践中去发掘。我国的创新创业工作特别是创新创业教育工作得到大发展是近些年来的事情,这个过程需要积累,并在积累的基础上总结,才能建立起对社会具有真正导向性的创新创业文化。

3. 目前的创新创业文化弥漫着浓厚的功利性

创新创业作为一种人类实践而言,诚然是要通过其结果来进行评价和衡量的。但是,单纯地以创新是否产生科研成果、创业是否能大量盈利来衡量创新创业工作,甚至将这种工具性、功利性的思维灌输到创新创业的发展过程中,对于创新创业,特别是对于创新创业教育是一种巨大伤害。过程和目标、手段和目的分别是在哲学中成对出现的范畴。从创新创业教育过程而言,之所以在目前的阶段或多或少体现出功利性的色彩,是因为对创新创业教育的过程和目标的重要性没有清晰地厘定,对创新创业教育中何为手段、何为目的,其相互之间的关系如何,也没有正确地处理。创新创业教育如同人类社会历史中所有的实践一样,具有一个螺旋上升的过程。在这个过程中,包含无数的失败,也通过失败孕育了无数的

下一个成功。但是目前，在全民热衷创新创业的背景下，创新创业教育所遇到的大多数难题都来自现有的、以结果为导向的考评体系。社会注重的是有多少创业型公司被注册，拿到了多少融资，有多少盈利，解决了多少就业问题。诚然，这些都是创新创业教育应该解决的问题，但不是在目前阶段就应该通盘考虑的。创新创业教育在现阶段，是应该通过思想教育和现有的、可能的实践活动来激发人们脑海深处的"创新创业"意识、端正创新创业的态度、坚强创新创业的意志；通过时间的磨洗，从一代代人的亲身体验中，形成人们的"惯习"。而这些，正是需要通过新的创新创业文化塑造来完成的。

六、创新创业孵化器的作用有待凸显

不少高校在教学、科研场地比较紧张的情况下，响应国务院号召，腾出场地建立了创新创业孵化基地，支持学生开展创业实践，但高校创新创业孵化器孵化能力普遍较弱。一方面，高校创新创业孵化器建设未得到有效支持。虽然教育部、省、市政府近年来出台了相关政策文件，明确了高校应当积极参与到新建或者改造孵化基地的队伍中来，建立一些服务平台，用来协助创业活动的开展；有一些地方甚至在尝试以政府参与投资的方式和以聚集社会力量参与投资的方式来建立孵化基地，但目前政府提出的引导性政策均是总体说明，并没有明细规定。总的来说，大多数政策都停留在宏观指导的层面，落实到微观操作层面的相对较少。另一方面，高校创新创业孵化器条件受限。有些高校因学校是教育用地不能用作商业用途、不能作为注册地、需要繁杂的手续和责任归属等原因导致校内孵化器无法得到进一步发展。

第三节　我国大学生创新创业教育的突出问题

一、大学生创新创业文化的培育问题

大学生创新创业和企业管理在本质上是有很大区别的。创新创业需要创新创业人员具备一定条件，而这个条件不是每个创业人员都具备的，它需要创新创业人员拥有不断寻求机遇的眼光和机遇到来时能够把握住机遇的能力；但企业管理就不同了，管理过程需要资源驱动，也就是需要更多的资源，它是将各种资源进行整合和利用的过程。正是因为创新创业和企业管理是两个不同的概念，所以在教育过程中创新创业教育和商学院管理的课程是完全不同的。应当运用多种方式培养创业者的能力，让创业者学习更多的科目知识而不局限于创业的科目。跨学科学习的作用很显著，它可以使学生进行多元化的学习，这对于培养学生的创业意识和能力非常有帮助。

高校创新创业教育还应注重以下几点。

（1）各种有效信息通过构建和合作的方式被传达给学生，这样做需要学生全身心地投入学校的各种教学范式的教学环境。

（2）将传统的社会科学的观点同创业教学教育的内容合并在一起传递给学生，这些内容涉及心理学、管理学、社会学、经济学等。

（3）将大学传统的思想和企业文化相结合。创业者需要有冒险精神和探索精神，而这种精神和传统的大学教育有些不同，因为传统的大学教育是拥有形而上思想的、注重理论和规范的。

（4）成为一个创业者，注重必要的知识和技能的培养。大学生应当从入学时就主动探索他们自己已经拥有的知识和兴趣，通过已有的这些来选择创业方向。在大学期间，学校应该保证学生有充足的学习时间和良好的学习氛围，这样才能让学生从中获取经验，然后才能对自己选择的专业进行反思，而这种反思应该是不间断且有意义的。最后，创业者应该形成一种思考模式，即不断探索、不断问责。在这个前提下，学校应该有很多变革，以保证学生能力的提升：一是建立学生的孵化器，转变角色，从教学范式向学习范式转变，形成资源和产业部门之间的关系网，只有这样才能让学生有更真实的体验；二是学校教学应当不断地反思和停顿。

创新创业教育需要解决三个问题：首先，不同学科的教师能否教授创业知识？其次，传统的商业模式如何能给学生展示出创业知识？最后，学生是否受到教师的影响，教师能否传递正确的教学范式？很多大学的创新创业教育通过案例分析、模拟经营等内容来教育学生和传递经验。大学教育期间应该让学生参与大量的实践，让学生与教师、学生与学生、学生与课程内容之间互动，在实践过程中学生可以通过不断地冲突、协调等，从而感悟和学会创业。在这个过程中教师也起到很重要的作用，他们应该以传授创业知识为中心，锻炼学生发现问题并且能够解决和把握住机遇的能力。

二、大学生创新创业教育课程体系的构建问题

目前，我国高校已经具有多年开设创业教育的"创业经验"，创新创业教育课程的开设受到大学生的欢迎。但是，在教育过程中还存在着很多不足。在概念和设计的层面缺乏系统性，很多的创业课程都仅注重对学生创业能力的传授，而忽视了涵盖大量技能包括互动性、情境性强的课程。在现实的场景中，创新创业可以让学生对创业的理解和认识能力得到快速的提高。此外，很多高校对创新创业教育的课程重视不足，甚至将其列入大学生的第二课堂等实践活动之中。部分高校甚至把创新创业教育定位为第三课堂活动。从创新创业教育所需教材的角度来看，我国高校创新创业教育经过了20多年的发展，却依然没有编写出具有较高质量的、能够被教师和学生所喜爱的创业类教材。很多教材的理念和方法来自国外，部分内容与我国创新创业教育的背景存在巨大的差异。因此，我们急需根据我国创新创业教育的背景特征，研发并编写出具有本土特色的创业教材。

高校要想构建更好的创业课程，需要解决以下三个问题：确定课程体系的目标，选择课程内容，整合课程资源。积极的课程体系应该由科学的内容、课程目标和系统的支撑构建。

（一）定位目标

培养人才的标准、培养人才的途径和培养人才的目标是构成课程体系的主要内容，因而高校对人才的培养也是有目标的，它是教育课程体系的基本依据和最终目的。结合泰勒的"目标"模式及其对创新创业教育目标的理解，我们将从共性目标和个性目标两方面对创新创业教育课程体系进行定位。[①]

1. 共性目标

创新创业教育课程体系的构建要面向全体学生，创新创业教育的共性目标是培养创业者具有创业意识和创业心理的品质，提高其整体素质。这些表现需要多

---

① 张翠凤. 大学生创业素养教育与能力培养课程体系研究 [M]. 天津：天津科学技术出版社，2018.

方面的技能，它包括对创业意识、创业知识、心理品质的培养，这些满足了大学生为适应不断变化发展时代的需要。

2. 个性目标

个性目标是为了构建创新创业教育体系，提升创业实践能力（包括经营能力、综合性能力和职业能力）。培养学生的创业能力是个性创新创业教育的目标。

（二）整合内容

课程目标的实现主要依赖于课程内容的有效确立。依据现代课程的划分标准，结合创新创业教育的发展现状，创新创业教育课程被划分为隐性课程与显性课程、基础课程与专业课程、理论课程与实践课程。在课程的设计过程中，要注意课程内容的整合性和完整性。

1. 隐性课程与显性课程的有机整合

隐性课程和显性课程有着本质的区别，然而加强隐性课程和显性课程的和谐相融很重要。隐性课程间接而内隐地存在于社会中，它可以潜移默化地影响学生的身心健康发展，同时也主要体现在学校文化中；显性课程是很外显且直接的，它主要表现在学生接受专业知识中。两者有机结合可以帮助创业者树立创新创业的价值观，并养成良好的创业行为习惯。

2. 基础课程与专业课程的有机整合

基础课程是培养学生创业意识、拓宽学生创业知识的课程，它是可以面向全体学生开设的课程。但是，专业课程则不同，它是由不同的学院、不同的专业开设的传授专业知识、培养专业技能的课程。将创新创业教育的基础课程融入其他专业课程的教学过程中，可以促使大学生根据自己的专业知识，发现不同的创业机遇。

3. 理论课程与实践课程的有机整合

在创新创业教育的发展过程中存在许多不成熟的表现。理论知识是学生创业的必要基础知识，它和实践知识不同。实践知识是通过个人对理论知识的理解和运用并在现实中实践，使理论知识得以被论证和提高的技能。但是，现在很多高校或者注重理论知识，或者注重实践知识，而不是将两者有机地统一、和谐地运用。

（三）优化结构

从系统论的观点看，创新创业教育课程体系的构建，不仅要有它赖以存在的形式和条件，而且还应该具有科学的结构，只有这样才能优化创新创业教育课程体系，并发挥创新创业教育功能的最大功效。首先，应从立足于形式构成的角度，增加创新创业教育模块，使其与"人文社科模块"和"自然科学模块"并列为通识教育三大模块。为了满足不同学生的学习需求，学校设立了公选类创业课程和专业类创业课程。其次，由于创新创业教育课程在我国高校被开设的时间短，因此创新创业教育的课程分配比例还存在问题，如果想要推行创新创业教育，合理分配选修课和必修课的比例是至关重要的。创业管理入门、职业规划、创业技巧以及实践课程都是必修课，以教授专门的创业专业知识和专业技能为主要目标；而选修课则包括企业文化和企业精神的培育、市场营销、企业管理及创意策划等，目的是全面培养学生的创业意识和心理品质。

（四）总体原则

创新创业教育课程体系的原则有以下几点：创业课程的目标导向原则、创业课程的综合能力拓展原则、创业课程的实践互动原则。

1. 目标性原则

创新创业教育课程体系的最终目的和基本依据是高校人才培养的目标，值得注意的是创新创业教育课程的层次性。创新创业教育课程体系的建设要紧紧围绕已设定的目标定位进行组织和开展，取消"边缘化"的课程，强调引入课程，以促进创新创业教育目标的实现。此外，创新创业教育的教学内容和培养目标需要随着知识经济社会的发展不断被调整和更新。

2. 综合性原则

在设计创新创业教育课程时，应考虑综合性的特征，以全面培养学生为目标。同时，需要遵循国家素质教育政策的要求，推进课程建设的融合发展。

3. 实践性原则

西汉刘向在《说苑·政理》中记载到"耳闻之不如目见之，目见之不如足践之，足践之不如手辨之"。这要求我们注重培养受教育者的实践能力。高校创新创业教育课程建设要注重实践性原则，突出课程的实践性特征，如高校可开设以创业大赛、职业生涯规划赛等创业模拟活动为主的模拟课程。除此之外，高校还可开设校企合作模式的创业实践课程，因为校企合作模式比模拟实践课程更接近于市场运作情况，更能提高学生系统化的创业能力。

（五）实施策略

为了实现创新创业教育课程体系功效的最大化，挖掘和培养具有创业素质的自主创业者，高校要从教材、专业、师资方面着手实施，推进创新创业教育发展。

1. 推进教材建设

我国的创新教育教材多是引进、翻译的国外教材，缺乏中国特色。因此有必要在吸取国外优秀教材的基础上，编写出适合我国本土的、具有权威性的教材，以适应我国经济发展形势与学生特点。

2. 专业教育与学科渗透相结合

创新创业教育的根本是开设创新创业教育专业课程，它是创新创业教育的基础。和国外的创新创业教育对比，我国很多高校在创新创业教育课程建设方面的条件还不够成熟，无法设置专业课程，但采用学科渗透这一创新创业的方法，可以是高校创新创业教育的选择。如果将专业教育和学科渗透双管齐下，那么高校大学生的创新创业教育就会收到很好的效果。

3. 专兼职相结合的师资队伍

专兼职相结合的教师队伍在目前创新创业教育师资队伍人员缺乏状况下，是较合理的教师队伍搭配，它能够同时满足大学生对研究型师资和经验型师资的要求，能更好地促进创新创业教育的发展。除此之外，校企合作的实践平台能够促进创新创业教育课程的发展，是至关重要的组成部分。实践性是创新创业教育的一个突出特点，它能够加强学校与企业之间的沟通，推进校企合作的有效互动：一方面，能够更好地整合教学资源，为学生寻求创业机会创设便利的条件；另一方面，有助于创新创业教育在社会领域的推广宣传，使社会对创业的认同感增强、支持度加大。

三、创新创业教育师资队伍建设问题

在我国高校创业培训过程中，我国高校创新创业教育发展师资力量不足，依然是困扰其发展的一个重要阻碍，同时一些高校没有从根本上注重对学生创业培训的指导，更加剧了这种情况的恶化。

（一）创新创业教育的师资在数量上明显不足

据教育部高等教育教学评估中心发表的《中国高等教育质量报告》（以下简称《报告》）公布的数据显示，目前我国高等教育的规模为世界第一，在我国高校学习的在校大学生占全世界总量的五分之一。但是，与这种规模上的优势明显不匹配，甚至呈现强烈反差的是我国高校的创新创业教育水平的不足。《报告》认为，创新人才培养与实际的社会需要不匹配，高校创新创业教育是我国高等教育的"痛点"。"高水平教师和创新团队不够""实现由量到质的新跨越仍是突出问题"，均是当前我国高校创新创业教育所面临的关键困境。

（二）创新创业教育师资在类型配比上欠缺平衡

在培养学生创新创业能力方面，世界知名的斯坦福大学正是受到了其创始人利兰·斯坦福先生的精神影响。他在该校的首次开学典礼上就明确地指出生活归根结底是指向实用的。从创新创业教育的角度而言，该类教育就应该以实践为导向，但作为一种实践导向鲜明的教育门类，以实践为导向不等于说可以不要理论。从认识论的角度而言，理论对于实践有着重要的指导作用。因此，创新创业教育，特别是高校的创新创业教育既包含理论知识的传授，也包含实践过程的操练、浸染和熏陶。创新创业教育既然包含理论学习和实践锻炼两个部分，也就说明了创新创业教育的师资供应能够支撑这两个部分的需要。目前，在高校创新创业教育中，无论是理论型师资、实践型师资还是综合型师资，都缺乏真正优秀的师资力量，其原因在于，创新创业教育师资的"兼职"性强，不能满足创新创业教育实践的需求。兼职教师，特别是校内兼职教师大多来自学校行政人员、辅导员和部分相关专业领域的教师，他们往往更注重对理论知识的传授，当然也就更难以达到综合型师资的标准。

（三）教师对创新创业教育与专业教育相融合的认识有待深化

对于一项紧迫的事业来说，最为缺乏的资源如果短期内无法得到自然增长的话，就应该"就地取材"或者"就近取材"，对现有的资源进行转化，从而满足实践的需要。具体到创新创业教育，也就是在人们习惯上认为与创业有关的、较为成熟的专业领域，如企业管理、财务、投资及一些理工科专业中进行专业教育与创新创业教育相融合的尝试，这也许能够又好又快地解决问题。但是，就目前看来，从事专业教育的教师本身缺乏创新创业意识，当然也就难以在日常的专业教学过程中对学生进行有效的创新创业教育。我国高校在日常的教育活动中并没能充分地调动专业教师在创新创业方面的积极性和主动性，教师自己也缺乏创新创业意识和思维，这不仅导致应该参与到创新创业教育活动中的教师在数量上远远不足以满足实际的需要，而且也致使专业教师在教学活动中指导学生学习时，缺乏在专业中发现创新创业可能的积极性和主动性。

（四）校外创新创业导师的作用没有得到充分发挥

高校基本上还没有建立起一套科学的针对创新创业导师的管理制度。一是标准不严。高校缺乏对校外创新创业导师的遴选标准和制度。所聘导师往往是圈子里的朋友、熟人。虽然所聘导师大都是企业的董事长、总经理，但很多导师不知道怎么给学生讲。二是管理不够。高校没有将创新创业导师纳入学校"人事制度管理"的范畴，岗位职责不明，且缺乏监管、考核和激励。三是辅导随意。所聘导师本身是企业家，没有时间，上课也只是概略地讲讲创业经历和人生感受，课堂效果不理想。四是作用不明显，发挥作用的方式单一。所聘导师一般是通过讲座等方式，为学生讲授创业经历、传授创业经验，学生在便捷地寻求到创新创业导师的帮助方面还存在困难。

作为高校创新创业教育的核心资源之一，师资力量作为"人"的因素，是核心资源体系中最为能动的一部分。正所谓"没有教不好的学生，只有不会教的教师"，从现阶段来看，教师的"不会教"是个需要克服的关键性问题。尽管这个问题在创新创业教育的初始阶段必然会出现，但从各个途径来完善师资的建设，不仅有利于创业教育的发展，也会为国家的高等教育事业作出不可估量的贡献。在社会的各个工作领域，培养本土化的兼职类创业师资人员是丰富高校创业师资队伍的重要途径。当前，地方高校开展创业教育的途径除了开设选修类的创业教育课程之外，就是聘请企业家进行创业讲座。这些企业家作为外聘创业导师，相比学校专业教师来说，在企业界有丰富的经验，非常熟悉企业克服挑战的解决方案、当前的工作创业状况和其他问题,这种经验能够帮助弥补某些专业教师缺乏企业工作经验的缺陷,从而大大提升学生参与创业的激情与热情。本土化的兼职创业导师能够充分考虑当地的具体情况,在开展创业教学时更贴近实际,也为创业教学的实践操作提供了便利条件。我们结合系统论的观点来看,构建一支优秀的创业师资队伍,还要注重师资队伍的及时完善和新鲜血液的补充。创业师资队伍是一个动态的、开放的、不断发展的队伍。高校不仅要注重对师资队伍建设的前期规划和培养,还要定期对创业师资队伍进行调研评估。及时的评估、反馈能够帮助我们发现师资队伍在建设过程中的问题,从而制定相关的政策,完善队伍建设。

(五)注重师资建设的时代性和长远性

目前,创新创业教育在我国处于初级发展阶段,各方面建设还不成熟。在建设和发展过程中,要跟上时代的要求,定期对创业师资队伍进行培训,包括外派到其他院校进行学习交流、补充企业实践经验和传授创业心理辅导知识等,提高教师的知识水平和实践能力。

在《国家中长期教育改革和发展规划纲要(2010—2020)》中,教育部第一次将人才培养作为未来长期执行的政策,同时地方高校在教学宗旨上也将人才培养及创新培训作为教育的重要方向,并且投入人力、资金对创新创业教育的培训加以支持。从创业培训的角度而言,教师占据主导地位,教师在一定层面上能够对学生进行指导和培训,因而增强教师的教研能力对于促进创业培训的有力发展是十分必要的。此外,教师的教育观念和教学行为在一定程度上影响着学生的学习思维和未来规划。创业型师资队伍的建设,便于教师在实际教学过程中,潜移默化地传授创新创业的思想观念,帮助学生开阔就业视野,让学生形成自主择业和创新创业的意识。

第三章 发达国家大学生创新创业教育模式的分析

创业教育就是要转变教育思想观念，构建创业教育体系，规划创业教育内容，构建创业模式，培养创业教育师资，加强创业教育实践。国外的创业教育起步较早，很多国家的大学生创业教育都已经发展成熟。本章主要对发达国家大学生创新创业教育模式进行分析，依次阐述国外大学生创新创业教育的主要模式、美国大学生创新创业教育模式、英国大学生创新创业教育模式、国外大学生创新创业教育的经验与启示四个方面内容。

第一节 国外大学生创新创业教育的主要模式

从创新创业教育的组织架构看，一般包括主管部门、创业企业服务中心、创业者俱乐部、校内主管创新创业教育的组织机构、负责项目孵化的机构和其他机构。国外的创新创业教育并没有统一模式，一般有四种情况：一是商学院主导型，如美国麻省理工学院；二是科学园主导型，如英国剑桥大学；三是双创教育中心平台型，如日本筑波大学；四是"产学研一体化"模式，如美国斯坦福大学。

一、商学院主导型典型案例：美国麻省理工学院

美国麻省理工学院创业中心成立于1996年，隶属于斯隆管理学院，教育面向整个学校，它是整个学校创业教育的引导者与规划者。创业中心以培养具有创新精神与有原则的先驱领导者为目标，指引他们通过革新思想、管理实践来改变整个世界，并致力于"支撑全校的创业教育，一方面为学生提供完备的创业课程，

另一方面研究创业理论与支持创业的校外宣传活动"[1]。创业中心组织创新教育的内容主要包括三个方面。

（一）制定创新和企业家精神培养方案

创业中心为创业班和 MBA 的学生制定创新和企业家精神培养方案，由必修课、选修课、活动与实践四个环节构成。课程内容强调理论和实践的融合，培养学生克服创业困难的毅力和恒心。其中，必修课包括管理的创新和企业家精神、新企业家、科技创业与企业家精神导论三门课程。通过"麻省理工 S100K 创新创业大赛""麻省理工创客大赛""麻省理工全球创意挑战赛"等实践项目，学生切身体会在创业中可能会出现的各种困难与问题，有利于培养他们在困境中激发自身潜能和思维的能力。

（二）完整创新创业课程体系和培养方案

麻省理工斯隆管理学院创业中心开设了三种创新创业课程，分别是学术类、实践类和团队项目类。创新创业课程跨越了学科界限，推动了不同学科之间的互动和融合。创业中心与英国、德国、亚洲等地的机构进行合作，在资源共享的基础上，共同开设了海外创业教育课程和建立了实验室，以推动全球人才培养的进展。

（三）构建创业人脉网络

创业中心通过不同的形式构建创业人脉网络，如"创业者协会""创业者实验室"等。一方面，有利于学生在创业的道路上能够方便地进行经验交流；另一方面，为学生和企业家搭建了桥梁，让学生拥有充足的实践和实习机会，从而实现创业理论与实践的双轨教育。创业中心为了加强自身对创业教育的影响力，建立了极富特色的官方创业网站"MIT Enterprise Forum"，网站分为八个版块，囊括了创业教育的各个方面。创业中心重视对创业教育的研究，出版了《技术评论》《斯隆管理评论》等权威杂志。

美国麻省理工学院开创了大学、政府、产业联合的创新创业模式，在美国学

---

[1] 范颖. 美国创业型大学创业中心的启示——以斯坦福商学院、麻省理工学院为例 [J]. 长春教育学院学报，2017，33（03）：39-43.

术界具有独特的地位。麻省理工学院与政府、产业界的密切互动关系是通过接受它们的资助和签订合作协议实现的。除此之外，麻省理工学院利用自身的优势，致力于培养政府和社会需要的人才，推广科技成果，推动本地产业升级和促进当地经济的发展。①

二、科学园主导型典型案例：英国剑桥大学

（一）英国剑桥科学园的制度安排

20世纪70年代，剑桥大学圣三一学院创建了英国剑桥科学园。随着80年代的到来，该地区以剑桥大学为基础，涌现出众多高科技企业，因此英国剑桥科学园被赞誉为英国的"硅谷"。它经历了起步、成长、快速发展、停滞和缓慢增长几个阶段。

1. 实行短期合同制

剑桥大学为教学与研究人员设立了短期合同的工作机制，合同期满时，如教研人员有意离开该校，可选择进入业界从事其他工作。

2. 鼓励教师兼职

剑桥大学支持教师在履行教学职责的前提下拓展校外兼职机会，这样的做法为教师创业提供了更加有利的条件。

3. 保障科研人员的知识产权

在剑桥大学，教师个人拥有专门技术的知识产权，这项规定可以鼓励教师将自己的专利技术转化为商业化产品。

4. 学院制度的作用

剑桥大学的机制不仅能够切实促进各学院与产业界之间的紧密合作，还为师生创业和科技成果转化提供了指引和平台。

（二）剑桥科学园的发展特点

1. 知识、技术转移和创新创业活动十分活跃

具有八百年历史的剑桥大学是全球创新的发源地之一，它的科技发明数量遥

---

① 黄亚生，张世伟. 充满创意的"工厂"——美国麻省理工学院创新创业模式揭秘[J]. 中国科技奖励，2015（07）：65-67.

遥领先于其他地区。在传统发源地周边营造创业氛围，并建立以知识型企业文化为核心的经营理念，使得越来越多公司被剑桥大学的人才潜力吸引。剑桥地区约有 42% 的企业以研发为其主要活动，制造业是 37% 的企业的主营业务，以咨询业为主要活动的企业占 17%。创新创业活动在剑桥地区非常盛行，许多中小型企业迅速崛起并广泛分布在各个技术领域。[①]

2. 强大的科研人力资源

剑桥科学园是由剑桥大学投资创办的，且其所在土地归属于圣三一学院。这意味着在剑桥科学园的发展过程中，剑桥大学发挥了至关重要的作用。剑桥大学是一个极具创新精神的地方，曾涌现出许多重大科学发现，并荣获 56 个诺贝尔奖项，在全球众多大学中是获得诺贝尔奖项数量最多的。因为剑桥大学在物理、计算机和生物科学方面表现非常突出，所以科学园内的高科技公司可以利用其有潜力的科研成果。许多公司都是建立在其一种或几种科研成果的基础之上诞生的，这是推动科学园高科技产业发展的主要动力。剑桥大学实施多项政策以促进科学园的发展，为技术成果向社会转化提供了积极的支持。学校规定知识产权归属于教师，促使教师和学生积极将科技成果转化为实际产出，进而创业。大学和科研机构在推动社会经济发展方面具有重要地位，这一点在剑桥科学园繁荣的发展中得到了充分验证。

3. 适宜中小企业创业的科学园环境

剑桥大学采用民主管理和分权治理模式对园区进行管理，这种组织方式激励了个人的发展，从而孕育了许多充满活力的小型科技企业。在剑桥科学园，新兴企业可以在一个完善的孵化环境中得到风险资本、中介服务和物流支持等方面的帮助。剑桥科学园内的企业通常规模小但是具有高度的灵活性。这些小型企业在微电子和计算机领域尤其有优势，因为它们专注于自己最熟悉的领域，在发展中注重核心业务，使其能够先稳中求进，再逐步扩大规模，实现快速成长。剑桥地区聚集了英国 1/4 的风险资本，是全英国除伦敦外种子资本和风险资本最密集的地区，共吸收了全英国 25% 的风险投资和全欧洲 8% 的风险投资。[②] 巴克莱银行

[①] M. 卡斯特尔（Manuel Castells）. 世界的高技术园区 21 世纪产业综合体的形成 [M]. 李鹏飞，译. 北京：北京理工大学出版社，1998.

[②] 杜跃平. 世界一流科技园区创新体系比较研究 [M]. 西安：陕西人民出版社，2011.

在剑桥科学园建立了一个办公地点,为满足政府企业担保计划要求的新兴高风险企业提供支持,该银行可向这些企业提供透支或定期放款的协助。

4. 积极支持高新企业孵化

剑桥大学积极利用其实验室资源,支持周边园区和公司,包括计算机、科学仪器、电子技术和生物技术等行业,以促进技术孵化。剑桥地区的繁荣发展得益于剑桥大学的人才储备和技术支持。在过去的10年里,剑桥大学成功孵化了310家高技术企业。除了服务于科学园内的企业,科学园的服务还扩及到了整个剑桥城。在高技术产业中,占比约为10%的公司位于科学园。剑桥科学园的定位是为初创企业提供支持和条件,而不是作为自己在园区开设企业的场所。[①] 科学园积极地与周边的高科技公司、大学和科研机构紧密合作,利用当地研究机构的孵化能力,充分挖掘其潜力。超过50%的企业在剑桥地区与当地的研究机构有合作联系,其中90%与大学各系、科之间保持联系,并且与工程系、物理系和计算机实验室之间的联系最为密切。此外,有约20%的企业建立了与本地研究机构的合作关系,借此开拓新技术的获取渠道,例如项目合作、许可证交易和咨询等。[②]

5. 灵活的教师创业制度

由于剑桥大学为教师提供宽松的兼职条件和公开的知识产权政策,教师们可以积极地参与创业活动。剑桥采取了短期聘用制,这为那些想待在剑桥,但暂时没有被聘用的教师提供了进入企业界的机会。为了激励科研人员的积极性,剑桥大学采取了一种适宜的技术发明利益分配制度,重点是给技术创新者提供经济回报。这一制度推动了教师和学生积极运用科技成果,进行创新实践和创业。剑桥地区的产业集群快速成长,助推英格兰东部地区的繁荣,同时促使该地区成为英国经济增长最迅猛的地区之一。剑桥大学是剑桥地区高科技产业集群的创始人,通过不断创新和企业孵化,为催生以研发为主的产业作出了重要贡献。在剑桥科学园,企业研发机构、高校研究机构和技术咨询机构三方联手开创了一种独特的产学研合作网络,成为该园区的发展模式和运行机制的主要特点。它们扮演着至关重要的角色,为剑桥高科技产业集群提供技术支持,因此被誉为该地区的"技术提供者"。每年都会有许多新的高科技企业在剑桥地区企业研发实验室诞生。

---

① 刘大勇. 战略性新兴产业集群发展研究:以河南省为例 [M]. 北京:中国经济出版社,2013.
② 徐继宁. 英国传统大学与工业的关系 [M]. 哈尔滨:黑龙江人民出版社,2012.

三、双创教育中心平台型典型案例：日本筑波大学

日本筑波大学是日本筑波市著名的国立综合大学。该校为人所熟知的一个很重要原因是筑波科学城的存在。筑波科学城的总面积 2.84 万公顷，人口 20 万，科技研究人员 1.3 万余人，高科技企业、研究机构 300 余所，是日本最大的高等教育与科研基地。该校发展产学研合作的一大特色就是借力筑波科学城。[①]

筑波大学作为科学城的中心，以其绝对的地理位置优势与科学城内的研究机构企业建立紧密的合作联系。通过这种合作，既培养了新的科技人才，促进了大学教育改革，同时也为企业开发了新技术、新产品，甚至为创造新产业提供了知识基础。

筑波大学内有一个专门推进产学研合作的研究中心——筑波工业联盟与合作研究中心，该中心成立于 2002 年，主要负责六个方面的事务：支持所有辅助研究项目的开展；支持产学合作研究；支持学校科学研究转化为科技发明；搜集并提供技术种子和技术需求；支持当地（筑波科学城）产学研合作；实施旨在促进产学合作的调查、研究和计划（包括利益冲突管理制度）。除此之外，筑波大学还有一个与之相配套的知识技术转化中心——产业关系及技术转让办公室，它的作用在于加强大学、产业以及政府机构之间的关系。

筑波大学借力筑波科学城带来的启示是，学校可以寻找并充分利用大学城、科技城、高新技术开发区等资源，扩大产学研合作的广度，并且不仅仅局限于当地，相邻省市、新开发地区，甚至国外有需求的地方都可以纳入考虑范围。除此之外，学校可以建立专门的产学研规划推进中心，聘请专业的团队，同时完善相应的规章制度，如技术转让制度、利益冲突管理制度等，进而延伸产学研合作的深度。

四、"产学研一体化"模式典型案例：美国斯坦福大学

在硅谷的发展中，斯坦福大学扮演了重要的角色，因此被视为该地区的"心脏"。而硅谷也为斯坦福提供了大量经济援助，以确保基础科研的持续发展。斯坦福大学高度重视将基础研究转化为实践应用，并倡导"产学研一体化"的理念，

[①] 姜振寰，吴明泰. 技术学辞典 [M]. 沈阳：辽宁科学技术出版社，1990.

以培养创新创业人才。该校从创业者视角出发，充分考虑个人才能、专业优势和社会背景等多方面因素，设计了创业系统的流程。接下来将分析斯坦福大学采用的产学研融合模式的特点。

（一）追求一流的教学与科研成果

斯坦福大学非常重视基础工作的教学和研究。强调学术研究的重要性，并致力于促进教学和研究的创新。斯坦福大学教授指出，基础研究是开展顶尖科学研究的关键所在，这些研究成果对促进高新技术的发展至关重要。为了提升教育和研究水平，斯坦福大学引进了先进的实验和教学设备，并聘请了来自各个领域的专家和学者参与学术研究和教学。由于得到了美国政府和企业的经济资助，这项基础性研究得到了快速发展。许多具有重要科学意义的教学和科研成果也相继涌现。

（二）开放互动式的创新创业教育

斯坦福大学一向推崇学术自由、秉持科研开放的精神。教授和学生都有权自主选择他们所研究的课题。据斯坦福管理层的观察，高校已经成功地将教学和科研紧密结合，使得培养出来的学生不仅掌握了扎实的基础知识和技能，还具备了将知识和技能成功应用到实际场景的能力。通过开放互动式的教学和研究方式，斯坦福大学收获的远远大于科学家们的专利发明。开放互动的创新创业教育模式，倡导不同学科间的合作交流，将教学与科研紧密结合，积极推动企业参与，实现产、学、研的多方互动，进而形成一个高效的、以网络为基础的开放模式。这一流程使学生对基本原理有了全面的理解，同时鼓励他们深度思考。

（三）建立大学与企业的联系

长期以来，斯坦福大学一直与企业保持密切合作，并将这一传统一脉相承。这种合作不仅可以支持学校开展高质量的学术研究，还可以推动社会公共服务事业的进一步发展。斯坦福大学率先提出了"科技工业园区"模式，强调合作双方应本着互动和互惠的原则，以实现共赢。由于始终关注最前沿的科研成果，企业能够持续高速发展。通过企业的支持，学校能更加高效地推进科研项目，并为企业提供持久的服务。斯坦福大学和硅谷之间形成了一种相互促进、互利互惠的良好关系。

斯坦福大学与企业达成长期合作协议，推进校内研究成果商业化，并为不同级别的人员提供培训服务，以普及最新的科学研究成果和培养一流的技术人才。通过引入斯坦福大学的最新研究成果和尖端技术专家，企业可以进一步提升效率，并实现更为显著的业绩目标。

第二节　美国大学生创新创业教育模式分析

一、美国高校创新创业教育的发展

在最近的数十年中，美国的创业经济迅速蓬勃发展。中小企业是美国经济发展的中流砥柱，通过创造就业机会和推出创意产品与服务，为经济增长注入源源不断的动力。根据数据显示，自 20 世纪 80 年代以来，财富 500 强企业所提供的就业机会已经缩减了 500 万个。相比之下，中小企业则创造了高达 3400 万个新的就业机会。[①] 这些中小企业是美国经济发展中最具有活力和创造性的因素，同时也是最为重要的创新和创业推动力量。中小型企业在 20 世纪创造了许多重大发明，它们涉足的领域包括空调、飞机、人工合成胰岛素、光纤检测设备、心脏起搏器、个人计算器以及光学扫描仪等。美国社会的创新能力和发展活力的提升，得益于创业型经济发挥的重要作用，而这也进一步强化了其在全球化进程中的地位。

高等教育的改革受到了创业革命的深远影响。大学自身的改革和发展是与社会发展密不可分的，因此朝着这个方向努力也是不可避免的。自从 1947 年哈佛商学院首次推出创业学课程以来，美国高校的创业教育经历了数个发展阶段，经过六七十年的不断完善，如今已经成为一套相对成熟的体系。[②]

萌芽阶段（1947—1970 年）。迈尔斯·梅斯（Myles Mace）开设的"新创企业管理"课程，在 1947 年成为了美国大学中最早的创业学课程之一，并得到了许多创业学者的认可。自 1967 年开始，经过反复积累和实践，斯坦福大学和纽

[①] 顾明远. 创新与创业 21 世纪教育的新常态 [M]. 济南：山东教育出版社，2015.
[②] 邱文伟，王晓刚，王鹏程. 大学生创新创业理论基础 [M]. 西安：西安交通大学出版社，2016.

约大学逐步改进和扩展了原有课程的内容和模式,并将其应用于 MBA 创业课程。第二年在巴布森商学院的本科课程中,增设了一门类似于"创业管理"的课程。由于美国当时的经济形势,一些创业课程还处于萌芽状态。

起步阶段(1970—1990 年)。在 20 世纪 70 年代仅有 16 所大学提供创业课程。随着美国经济增速放缓,人们逐渐认识到创业教育的价值。在 20 世纪 70 年代到 90 年代期间,美国的创业教育被不断加强,为经济的快速恢复打下了坚实基础。从 1979 年到 1989 年的 10 年间,有越来越多的高校开始在本科课程中加入创业教育,开设这种课程的学校数量从 127 所上升到 1060 所。美国小企业的快速增长间接促进了创业教育课程的快速发展。

发展阶段(1990—2000 年)。在 20 世纪末,美国的创业教育有了显著的进展,包括课程设置和学位授予等方面都逐渐正规化。除了将创业教育课程纳入本科课程,还开始在研究生课程中引进了创业教育课程。现今,1000 余所美国的高等教育机构提升了创业课程的质量,这对本科生而言是一项重要进展。值得称赞的是,将企业创新课程的关注点从本科生向研究生阶段转移,是一项十分难得的创新尝试。此外,140 多所美国大学已将创业课程纳入他们的专业课程,这一举措备受学生欢迎。有近 50 所大学有了创业学位授予权,这对美国的创业教育发展起到了推动作用。[①]

成熟阶段(2000 年以后)。自 21 世纪以来,美国的创业教育逐渐被广泛应用,对于推动社会的发展和经济的繁荣发挥了至关重要的积极作用。这一举措得到了社会的认可和关注,受到美国新闻媒体的报道和赞扬,对学校的招生和经济收入产生了影响。除此之外,媒体的评价也被视为衡量不同高等院校工作表现和业务成就的重要参考标准。

为了不断推动创业教育的发展,需要继续提高创业教育师资的素质标准。为了进一步提升并完善创业教育,美国的创业机构已经建立了创业学博士学位和教师终身培训项目。他们认为教师培训项目是创业教育者长期学习规划的一部分,为美国教师提供了绝佳的机会来掌握创业专业知识。

---

① 赵子童. 当代大学生就业指导与创业教育研究 [M]. 长春:吉林大学出版社,2020.

二、美国高校创新创业教育模式

（一）发明型创新创业教育模式——以加州伯克利工学院为例

成功的创新性创业需要依赖独创性技术，而这样的技术必须建立在高水平研究成果的基础之上。创业教育旨在促进科研成果向实际应用转化，以解决实际社会问题为核心目标。加州大学伯克利分校的工学院在其工业工程与运行研究系下面设立了科技创业中心（Pantas and Ting Sutardja Center for Entrepreneurship and Technology，简称 SCET），致力于为学生提供创造性发明和企业创新的支持。虽然 SCET 的创业课程对所有学校的学生都开放，但着重面向工程学院的学生。每个学期，SCET 都会有大约 10 门选修课程供本科生选择。SCET 提供了 5 种类型的创业教育课程，包括创业意识机会探寻、创业技能、创业管理、创业演练。

SCET 的创新创业教育的特点主要有以下三个方面，在其课程体系中可以明显地体现出来。

1. 倡导技术创业

在 SCET，学生们被指导如何利用技术进行商业投资，并被激励成为优秀的产品经理。创业者不仅是开发公司产品的创造者，还担任公司管理者的角色。创业技能包括教授学生有关产品管理和技术公司管理方面的知识。

2. 注重机会探寻

探寻创业机会通常有两种途径，一是创业故事，二是专业知识探讨。通过深入研究和探索工程技术领域，运用科技手段来解决难题，发现创业机会。

3. 注重创业实践

一方面，SCET 通过集成实际创业项目的创新实验来培训；另一方面，在传授创业技能的过程中，借助真实环境的模拟让学生身临其境，在实践中获得经验。

从以上可以看出，SCET 致力于帮助学生将研究成果转化为实际应用，并且通过探索创业机会和实践，减少技术工作与新企业或与产业相关产品之间的差距。通过促进学生之间的交流，向他们介绍最新的技术趋势和行业发展动态，以此来激发学生对技术应用的理解和兴趣，引导他们学会利用技术来应对现实中的各种问题。除此之外，加州大学还为学生提供了试验设备和场所，用于将他们的技术转化为产品。2001 年，加州大学创立了协同创新研究院-惠民信息技术研究中心（Center for Information Technology Research in the Interest of Society，简称CITRIS），其目的是通过促进教师对社会问题的研究，为急需解决的问题提供信息技术解决方案，实现加州大学世界级研究与应用、平台、公司和新产业之间的快速交流，这样就可以缩短它们之间的距离。在这个中心，设有一个名为"创客空间"的区域，其中包括发明实验室、社会应用软件实验室、移动应用软件实验室以及多校区测试设施设备等。CITRIS的主要使命是鼓励教师发展创新思维，从而为学生提供开阔的学习机会。该平台也为学生提供使用权，让他们可以在CITRIS中心接受教学，在空闲时间还可通过预约使用惠民中心的设备进行产品测试。

（二）改进型创新创业教育模式——以加州伯克利商学院为例

创业者必须根据客户需求的不断变化来丰富产品或服务，从不断升级的用户体验中获取灵感，以提高产品或服务的实用价值。加强创新创业教育的核心方法是注重识别和分析客户需求，同时需要明确技术改进性与流程改进性的区别及其对应的方法。

1. 技术改进性创新创业教育

涉及技术创新和创业时，技术应用和改进是至关重要的。创新创业教育的目标是鼓励学生发现和解决问题，运用现有技术，进行改良或创新，将其转化为可以供人使用的产品或服务。"精益创业"（Lean Startup）是创新创业教育中至关重要的技术改进方法。与精益创业有关的关键词为最小化可行产品（Minimum Viable Product）和转轴（Pivoting），即收集并反馈信息，不断调整方向。在创业过程中，创业者需要认真研究市场情况，设计一款能够解决特定领域问题的产品；接着创业者会采取试验性的方式进行设计，以检验产品的可行性，并获取目标客户对产品改进的反馈；最后创业者根据客户的反馈意见对产品进行调整和改进，不断迭代，直到开发出符合客户需求的产品为止。即客户发现—可行性产品设计—客户测试与反馈—产品调整—客户测试与反馈。创业者采用精益创业教育培训的方式，在不断完善产品或服务的过程中不断探索。

"创业与创新中心"（Lester Center for Entrepreneurship and Innovation，简称LCEI）是加州大学伯克利分校下属的商学院中心，致力于为学生提供改进性创新创业教育。对于不同的创业类别和创业教育对象，LCEI创业课程有不同类型。

针对"新开立一个公司"的创业教育，LCEI 为学生和开始创业者提供不同课程；针对开始创业者，提供精益创业教育和创业模拟；针对一般学生，提供讲授企业家精神、创业影响和机会识别等课程，帮助学生了解创业，培养创业意识。

LCEI 重视与不同领域创业团队的合作，鼓励商学院的学生与其他领域（如工程、计算机、生物技术等领域）的同学一起合作创业。此外，该机构还提供了协同创业的平台和机会，供商学院学生以及其他专业领域（如工程和计算机）的学生共同利用。为了能够有机会获得商学院提供的设立基金，申请的团队或新创公司需要由跨学科成员构成，且至少包括一名商学院学生。

2. 流程改进性创新创业教育

在流程改进性创新创业教育中取得成功的关键，是要深入了解客户的需求，提供更出色的服务体验。因此，必须优先发现并分析客户的需求。细致观察（洞察）是找出客户需求的最有效方式。为了了解客户的需求，一种有效的方法是运用"同理心"，这种方法源于心理学中的"移情"。通过体验和理解用户的想法、感受和需求，来改进和完善用户体验，以提高用户对产品的满意度。

"设计思维"是一种创新性的培训技术，致力于以客户为核心，通过多角度观察并亲身体验等来全方位了解客户，挖掘他们潜在的需求与期望，逐步满足他们的需求。"设计思维"是从传统的产品设计流程中引申出来的，即需求发现—头脑风暴—原型设计—测试验证。

（三）创新创业课程教育模式——以百森商学院为例

百森商学院一直处于创新创业管理教育及研究领域的巅峰地位，是全球最负盛名的学术机构之一。百森商学院的主要指导思想是以"强化意识"为核心，旨在协助学生在创业历程中提升思维方式、险中求胜的勇气、积极进取的精神、创新能力以及敏锐的市场洞察能力。百森商学院的教育目标是通过推进创新课程和外延计划来支持学生，积极倡导创新和创业精神。这个教育方针具体从以下四个方面体现。

1. 师资力量的优越性

百森商学院拥有 40 多名专业讲授创新创业课程的教授，此外还有许多创新创业助教和全职教员。学院的教师团队拥有企业实践经历，其中包括风险资本家（创业投资家）、创业家和实业家、新创立企业的高级管理层。这些教师不仅需要拥有创业经验或企业高管经历，同时必须与企业保持紧密合作和联系，以争取获得企业的支持，为学生提供更多实践模拟的机会。这些经验可帮助教师在教学中使用真实且生动的案例，通过模拟和研究真实案例，培养学生的判断和分析能力，提高他们在创新创业问题上的实际应对能力和创新思维能力。

2. 课程设计方面的前瞻性

百森商学院的教育理念涵盖了创新创业教育课程和实践两个方面，旨在提高学生的创新创业能力。创业教育的目标不应仅仅是追求即时成果，而应该致力于将创造力和企业家精神的本质灌输给青年学生。为了实现这一目标，百森商学院开设了完整的课程，提供实用性强的教学内容，实施了有针对性的举措，将创新创业教育纳入教育改革的计划中，经过成功的实践，取得了独创性的创新创业教育模式改革成果。百森商学院在设计创新创业课程结构时，采用了将创新创业过程中必要的创业观念、创新个性特质和创业关键技能等理念与社会知识相结合的方法，同时还涵盖了科学、人文思想、智力以及社会教育等多项综合因素。百森学院由于采用独特的教学模式，自1967年开设创业课程始，一直处于该领域的领先地位。

百森商学院制定了针对本科生创新创业课程的教学计划，针对社会发展的需求，推出了创业实践教学大纲。学院制定了一套课程，旨在满足大一至大四本科生不同的需求以及知识掌握能力，并且采用逐步深入的方式，让学生更易于理解和接受（表3-2-1）。

表 3-2-1　百森商学院创新创业课程

第一年	第二年	第三年	第四年
必修课程	必修课程	必修课程	必修课程
新生创新创业课程体验	加速创业课程	创建企业、企业融资、企业计划、家庭管理机制风险资本和增值资本	公司创业、创业实战案例研究、创业者营销战略与结构

3. 课程内容体系的完善性

全美高等院校的创新创业教育与课程的基本范式被认为是由百森商学院的课程体系所开创的。从20世纪90年代初开始，百森商学院便设计了一系列备受赞誉的创业教育课程，这种全新的创业教育方法将实践与理论相结合，让学员在创业过程中掌握实用技能,以及创业商机识别、融资和风险等方面的基础知识。

在百森商学院的商业课程中,要求学生以小组的方式,在获得贷款的情况下创建一家公司,并确保能够全额还清本金及利息。对于计划毕业后创业的学生而言,参加创业强化项目是一个非常实用、完整和可选性很强的项目。这种教育方式将实际操作和理论知识融为一体,将以前被分割为不同学科的营销管理、人力资源管理和财务管理等学科整合起来,通过培训向学员提供。创业实践阶段包括创业计划比赛、创业演讲和其他活动,这些活动能够为学生提供创业体验。

4.课程教学方法的探究性

教学方法是否科学决定了创业教育课程的优劣。为了让学生在学习过程中既能获得乐趣又能获取知识,百森商学院的教授们以企业社会生态环境作为教学重点,通过实地教学向学生们展示创业过程的方方面面,让他们感觉自己亲身经历了创业实践。学生通过这种高质量的学习体验,不仅能够掌握创业所必需的知识和技能,还能够深入了解与创业有关的经济和社会问题,以及其他可能对创业产生影响的因素。根据实践结果可得,百森商学院采用的"以问题为重心"教学方法备受学员青睐,学生能高度参与到创新和创业的学习中来。

三、美国高校创新创业教育的特色

(一)形成了良好的创新创业文化基础与社会保障体系

1.社会创新创业文化浓郁

美国社会是一个多种族的社会,包括许多欧洲移民的后代以及来自不同国家的精英人士。这个社会具有勇于迎接挑战、敢于尝试新事物、追求机会平等的价值观,对于创新和创业持有积极的态度。出色的社会创业文化可激发大学生的积极性,进而促进高校创新创业教育全面发展。

2.政府给予足够的政策倾斜

政府制定了多项旨在促进大学生创业的政策和法规,以确保创新创业活动的有序展开。例如,可以享受方便的公司注册流程、较低的税收负担率和完善的信用评级体系等。还有许多不同类型的机构致力于促进创新和创业,例如各级各类创业教育中心、企业家协会以及创业研究会等。

3. 金融支持力度大

在美国，创新创业教育可以获得多样化的融资渠道和资金来源；风险投资市场日益健全；美国政府成立了一个专门的教育基金，旨在鼓励和支持创业；优秀的商业领袖会向大学创业教育中心提供资金捐赠；许多公益性基金会通过资助的方式提供经费支持。美国的考夫曼创业流动基金中心、国家独立企业联合会等组织支持高校的创业教育，例如赞助创业比赛、奖励杰出学生、开展创业课程和实践活动等。

4. 企业的支持和帮助力度大

高校与企业紧密合作，企业给高校提供大量的支持和帮助。哈佛商学院引以为傲的财富是其庞大的校友关系网。每年该学院会邀请实业界备受尊敬、曾作出杰出贡献的著名企业家来演讲，向学生们传授成功经验，帮助他们建立宝贵的创业人脉关系网。

5. 组织与支撑互联网强大

美国中小企业管理局（SBA）提供低价或免费的技术支持，为那些准备创业或正在创业的个人和组织提供帮助。大学内设立的中小企业发展中心（SBDC），提供包括全方位咨询服务和定期研讨会在内的多项支持措施，旨在帮助创业者顺利开展创业活动。

（二）具有战略性的创新创业教育理念

创新创业教育与国家经济发展密切相关，并且国家对创业型经济发展模式给予了高度重视。美国经济的繁荣离不开创业活动的活跃，因此，政府深刻认识到了企业家精神的重要性。开展创新创业教育有助于培养适应社会工作需要的创业型人才，为国家带来丰厚的经济利益和社会财富。美国一向高度重视创业教育，这也是促使其取得成功的因素之一。

美国大学的创新创业教育旨在实现高校对"为了每一个学生的自由发展"的承诺，其目的在于促进学生的综合发展，不单纯是为了获得一份工作的"就业式"教育。据百森商学院观点，创业教育不是"企业家速成"，它鼓励大学创业教育适应"创业革命"时代的需求，致力于为美国大学生的未来"设定创业遗传密码"，不单纯追求眼前的利益，更侧重于培养"最具革命性的创业一代"的创新型人才。

(三) 具有完善的创新创业教育研究体系

美国创业教育协会指出，创业不是一次性的学习，而是一个贯穿终身的学习过程。因此，创业教育是一个跨越初中、高中、大学等多个教育阶段的全面教育体系。在过去几年中，创业学院已成为美国等发达国家以及印度等发展中国家的大学里，尤其是在商学院和工程学院中发展最迅速的学科领域。美国的创新创业教育经历了漫长的发展过程，起初只是普通课程教学，后来逐步专业化，最终发展成了学位教学的体系；起初的职业培训只考虑个人利益，但随后发展成了系统性的、非功利性的教学模式，最终形成了一个成熟的创新创业教育研究框架。

1. 明晰的培养目标

在美国的创新创业教育研究体系中，强调了学生对于企业创建和管理过程的认知和理解，此外应加强学生把创业作为职业生涯选择的意识。

2. 较完备的学科建制

在美国的高等教育体系中，学生可以选择就读创业学专业并获得博士学位。每年，百森商学院都会有本科生获得创业学学士学位。在经济、管理和工程等不同领域的专业教育中，创业教育的理念得到了广泛的应用，以便更好地培养学生的创业意识和提高他们的创业基本素质。许多大学设立创业中心，有的大学在工程专业的教育中结合了创新创业元素。

3. 系统化的课程设置

美国大学已经将促进创业和提高创新能力纳入其学术理念，将其作为一个专业或研究重点，还开发了专门和全面的课程体系和教学计划，致力于促进创新和创业。这些项目通常包括四个主要研究领域：培养创业意识、传授创业知识、提高创业技能和提供实践创业经验。课程可分为三个板块，包括创业理论阐述、典型案例分析和仿真模拟演练。通过系统化的课程设计，可以科学地实现创新创业教育，并落实相应的教育理念。在美国高等教育中，"创业学"课程体系是百森商学院所倡导的基本模式，并被广泛认可。在斯坦福大学的课程体系中，坚持文化教育和职业教育具有互补性，通过让学生积极参与创新创业的过程，帮助他们找出并解决可能遇到的问题。哈佛商学院拥有全球最完备的资料与案例库，为研究者提供了优良的学习氛围，打下了知识基石。

4. 卓越的师资队伍

新兴创业教育的创新和创造特质，对于教师的素质要求也更为苛刻。美国创业型教育成功的重要因素之一是拥有一支强大的师资队伍。在美国高校中，创新创业的教授团队主要由两类人员构成。一类是专职教师。这些教师拥有丰富的实践经验和广泛的理论知识。百森商学院的教授经常和商业圈的人士交往，能够深刻理解创业所需满足的社会需求和条件。另一类是兼职教师。这类教师来源可以是多种多样的，包括创业家、政府官员、风险投资家等。举例来说，安德鲁·格罗是英特尔公司前首席执行官，自1991年起又兼任斯坦福大学的讲师，通过自身经历对学生进行示范教学。另外，许多课程采用专职与兼职教师合作授课的方式，以期取得更优异的教学成果。斯坦福大学的《技术创业》和《创业机会识别》课就由三名有着丰富实践经验的客座教师共同讲授。

5. 丰富而又实用的实践教学

创新创业教育与各种创业实践活动紧密相连。美国的创新创业教育注重为学生提供实际操作经验和行动指导，更注重实践而非单纯的理论授课。通过模拟创业活动，创业教育国际协会让教师能够身临其境地体验创业的过程，从而更好地指导学生。商学院为学生提供多样化的实践体验机会，比如通过采用模拟创业和第二课堂等方式，协助他们更好地探索创新创业领域。由麻省理工学院举办的"五万美金商业计划竞赛"，对创业文化的形成具有重大影响，每年能够产生五六家新兴企业。在斯坦福大学，创业的气氛非常浓厚，这种环境催生了Excite等公司。数据表明，在美国排名前50的高科技企业中，有23家是由高校的创业计划大赛孵化而成的。[1] 近年来，美国的一些工科大学开始采用"合作教育"模式，即为学生提供至少9个月的劳动实践机会，以增强他们的实践能力，某些学校甚至把学制延长到了5年。各大高校经常会组织与创业相关的俱乐部活动和咨询会，帮助学生们探索创业的机会。加州大学伯克利分校的创业与技术中心举办"A.理查德·牛顿杰出创新人士系列讲座"，并邀请业内知名人士共同探讨具有挑战性的问题以及研究解决方案，有效地提高了学生的实践能力。

6. 科学的创新创业教育评价体系

自20世纪90年代初开始，美国的许多权威的创业专业期刊，例如《商业周

---

[1] 应永胜. 美国高校创新创业教育模式解析及借鉴[J]. 昌吉学院学报，2015（06）：87-92.

刊》《企业周刊》和《成功》杂志等，一直对大学的创新创业教育进行评估。高校的创新创业教育取得了很好的推进，这要归功于创业专业期刊对课程、师生成就、社会影响、创新创业教育项目、毕业生创业情况等方面的评估。

第三节　英国大学生创新创业教育模式分析

一、英国高校创新创业教育的发展

在英国，高校创新创业教育有着较为出色的发展趋势，特别是在年轻的群体中更为明显。根据调查结果，有三成的年轻人希望能够独立创业，还有一半以上的在校学生渴望成为企业家。年轻人渴望创业成功，因为他们相信这可以让他们在社会上占据更高的地位，同时也可以享有更高的收入。英国正在掀起一阵创业浪潮，这种积极向上的社会现象将会激励更多的人踏上创业之旅。调查显示，有93%的初创企业通过自己的认真经营、合理规划，最后都创办了知名企业。[①]

英国人高涨的创业热情以及英国企业的高存活率，还是要归咎于英国的高等创新创业教育。自20世纪70年代以来，石油危机所带来的经济危机使得英国长期处于低迷状态；在80年代，英国失业率更是达到了顶峰。同一时期，英国高等教育的理念发生了转变，从一开始注重培养研究生的知识能力，到后来注重激发研究生的潜力，特别是政府和企业对高层次人才的需求增加、高等教育经费减少，促使学校和企业之间的联系越来越紧密，并涌现了建立创业园区的办学模式。这为英国的创新创业教育发展打下了基础，并促进了其向前发展。

自1982年开始，英国启动了名为"大学生创业"的项目，旨在解决高校毕业生就业难的问题，提高就业率。该项目鼓励大学毕业生在当地进行就业创业，积极创造新的工作岗位。1982年英国斯特林大学在苏格兰创业基金的资助下启动了大学生创业项目，通过举办关于创业教育方面的讲座，选拔一批学生进行专业指导，最后通过考察学生的能力，挑选有潜力的学生进入创业课程培训班。此项目的初衷是为了解决就业问题，并着眼于对速成企业家的培养，因此以功利性目

---

① 张翠凤. 大学生创业素养教育与能力培养课程体系研究 [M]. 天津：天津科学技术出版社，2018.

的为主导，其理念单一、缺乏推动力。随着就业率的上升和创业教育成本的增加，英国政府于1990年终止了该计划。

随着时代的变迁，英国逐渐认识到纯粹追求功利的创新创业教育已不能满足社会的需求和学生的个性化发展。在80年代末，创业教育的目标发生了变化，不再是简单地教授创业的技巧和知识，而是将培养创业者的品质和素质、普及企业成长发展的通用规律作为重点目标。1987年，英国政府发起了"高等教育创业"计划（EHC），旨在提高大学生的创业能力，将一般知识的传授和与工作相关的学习相融合。这也可以被认为是英国启动创业教育政策的开端。

1998年，英国政府实施了为大学生提供创业机会的项目计划。这个项目旨在通过一系列创业课程，让大学生进入创业领域并与创业者进行面对面交流。此外，学生可以学习如何创建公司，并亲身经历创建的整个过程，这项目备受大众青睐。英国科学创业中心UK—SEC成立于1999年，主要负责领导和推行创业教育事务。当时90年代小型企业的兴盛为创业教育实习的展开提供了重要支持。

从21世纪开始，英国的创新创业教育便重视对创业文化的塑造和推广，在课程设计、实践机构运营以及资金支持等方面已经取得了长足发展。"创业远见活动"（EI）的使命在于倡导英国的创业文化，鼓励年轻人发展创新思维。本次活动获得了隶属贸工部下的小型企业服务部的赞助，并得到了一些财政部大臣的个人捐赠支持。此外，参与的组织还有60多万家企业和10余家创业教育机构，参与的人数众多。

EI活动将培育创新创业文化作为核心目标，主要关注以下6个方面的发展：（1）从基础开始创业，鼓励青年保持创业的热情，随时可以创业。（2）鼓励成立创业型企业，分享和学习新型商业策略和实践经验。（3）促使教育机构和教育系统充当创业经济推进器，提升创业技巧，传授创业专业知识。（4）保持与家长的联系，积极激发学生的创业意识，在创业上给予他们一定的支持与鼓励。（5）积极挖掘妇女、少数民族等弱势群体的创业潜力，鼓励其创业。（6）以创新方式来推广创业活动，通过青年的经验学习带来行为方式的变化，从而一步步引起深度文化变革。

英国在2004年创立了全国大学生创业委员会，主要负责管理全国范围内的创业教育工作。为英国创业教育的推广提供了有价值的思路与参考。此外，在英国政府的支持下创办了英国王子基金、凤凰资助计划等各种基金组织。英国王子基金推行的青年企业计划，汇聚了企业和社会资源的力量，向年轻创业者提供了咨询、技术、资金以及互联网等方面的扶持与帮助。该计划平均每年资助 5000 名英国青年进行创业。大量的政策和措施的推行，为英国高校的创新创业教育走向成熟奠定了基础。

由此可看出，英国的创新创业教育已经在观念和行动上发生了巨大的转变，从最初重视功利性的教育形式逐渐朝着无功利性、注重创新创业精神和品质的教育方向发展，进而促成了创业文化的建立。对于中国的创新创业教育而言，英国的创新创业教育历程和路径有着很高的参考价值和意义，可以避免我们进入功利主义误区。

二、英国高校创新创业教育模式

英国高校采用创新创业教育模式培养学生的创新思想和创业能力，进一步促进高等教育与新技术、新产业、新业态相结合，为促进经济社会的发展提供重要的人才和智力方面的支持。英国在欧洲推广创业教育的国家中是有着明显效果的国家，它推出了"高等教育创业"的项目，该项目通过课程和实践相结合的形式来锻炼学生的创新和创业能力。

（一）商学院模式

针对企业整个发展过程的商业运转过程，充分了解商业知识能够促进创新创业项目的成功实施。在创新创业项目的初期阶段，商业计划书成为最为重要的一部分，后期的整个资本运营会极大地决定其发展水平。因此，在保证企业稳定运营的过程中，风险化解显得十分重要。商学院所教授的商业知识对促进其他学科领域的项目或科研成果能更好地落实与应用在商业上有很大帮助。

随着信息经济的进一步向前发展，英国高等教育机构开始逐渐注重培养学生在创新创业方面的能力。2012 年，英国高等教育质量保证局（QAA）发布了一份《创新创业教育指南》文件，以下简称《指南》。2018 年，QAA 发布了修订版《指南》，指出创新能力和创业思想两者的结合可被称为"创新创业"；创新能力指的是提供有经济、社会和生态价值的新思想、新理论、新方法和新发明的能力，创业思想则是指创业者主观世界中的那些具有首创性的品质、观念、个性、思想等。QAA认为，所有学生都应该有参与创新和创业活动的机会，并将其与自己所学的专业相联系。英国政府还发布了《英国工业发展战略》绿皮书和《产业战略建设适应未来的英国》白皮书，强调了需要加强跨机构的创新和对创业活动的推广。英国高校凭借多年的探索与实践经验，逐渐形成了一个以商学院和商科为核心，带动其他学科创新创业教育发展的模式。

商学院的课程有益于提升学生的商业素养，为创新和创业提供必要的保障。英国高校的商学院与其他国家的商学院一样开设了工商管理、会计、金融等学科课程。除此之外，为了培养满足时代对人才要求的商科专业的学生，将理论深度与实践能力相结合，同时为创新创业和可持续发展提供知识支撑，一些商学院还推出了针对创新创业发展的新型领域专业。比如贾吉商学院开设非全日制硕士专业，包含创业硕士和社会创新硕士。其中，创业硕士的重点在于为学生提供学术、实践以及社交方面的经验，以培养学生的创新创业思维与能力，组织校内导师与行业人才紧密合作，共同培养具有重要影响力的创业者和企业家。社会创新硕士的培养重点在于通过举办研讨会、开展案例研究以及对话从业者等方式，帮助学生培养社会创新的意识。

英国高校商学院同时注重以模拟实验和专业实习的方式来提高学生的实际应用能力，例如，开展模拟交易等活动可以提高学生在商业运作方面的洞察能力和操作技能。为提升学生的实践能力，谢菲尔德大学管理学院建立了金融交易实验室，旨在通过在线平台模拟真实的金融市场环境，让学生能够更好地锻炼自己的实践能力。英国高校商学院学生能够在实习期间获得进入企业或开展创业活动的机会，真正地体会到将理论应用于实践的过程。谢菲尔德大学管理学院为本科生提供实习机会，学生可以根据实习需求自由地选择课程，提高他们的理论运用能力。在本科第四年，爱丁堡大学商学院会为学生安排实习项目，加强学生与企业的互动，让学生亲身体验企业需求和市场环境。

（二）企业家精神培育模式

企业家精神是创新和创业成功的重要前提，同时也是创新创业教育的核心内容。人们大多认为企业家精神包括创新、奉献、冒险和宽容等方面。在创新创业教育课程中，商学院是企业家精神教育的主体。英国高校的商学院培养学生的方式是将学位教育与职业教育相结合，引导学生学习市场分析、金融投资、营销战略等方面的相关知识，并鼓励他们发挥企业家精神，培养未来的创新创业领袖。

创业、创新与管理全日制硕士专业是在诺丁汉大学商学院被开设的，旨在协助学生实现创业目标。这门课程覆盖了创业、财务、电子商务等领域，并为学生提供学习风险投资和私募股权等相关知识的机遇。学生可以先进行案例分析和小组合作，再参与企业实践，最后通过撰写创业商业计划或论文来考核成果。该课程的目的在于培养具备创新创业素质且适应市场需求的人才，激发他们的企业家精神和创造力。海顿绿色创新与创业研究所向全校学生开放创新创业课程，并通过举办各种竞赛活动促进创新创业教育的推广与普及。诺丁汉大学还设有创意实验室，分为学术会员、风险投资会员和大使会员三类，为会员提供不同级别的支持。海顿绿色创新与创业研究所允许其研究生以学术会员身份参与活动，同时为拥有企业或明确创业意向的风险投资会员提供实验室支持。此外，创业成功的人能够以大使会员身份与实验室进行双向互动。这一做法不仅为学生提供了更多的创业机遇，而且增强了创新创业计划的可行性，促进更多的学生踊跃参与到创新创业活动中去。

赛德商学院采用跨学科交流的方式，培养学生的责任感和创业意识。该学院为了培养学生的实践能力，通过创业教育课程，让学生在模拟项目中体验企业家在企业发展、应对风险及推动社会创新等方面的重要性。同时强调向学生普及国际关系、公共政策以及行业规则对微观主体所造成的影响，来提高学生在动荡不定的经济环境中经营企业的能力。赛德商学院有一门被叫作"1+1工商管理硕士"的课程，学生可以在第一年选择攻读计算机、医学、环境等不同学科，然后在第二年学习工商管理硕士相关知识。这项课程的设计有两大优势：一方面，它可以为学生提供专业技能的支持，以及对学生进行商业能力和创业精神的培养，使他们成为具有多重能力的综合型人才；另一方面，它有利于促进不同学科之间的交流和知识转移。

（三）多学科融合模式

英国高校通过不同学科之间知识融合的方式来开展创新创业项目，增强创新创业效能，培养学生创新创业的思维与能力，使之成为有着创新创业才能的优秀员工和企业家。

杜伦大学注重促进创新创业知识和不同学科的交流融合，成立专门机构以支持有创业意向的学生，协助学生制定发展计划，还传授他们在产品开发、营销、财务等方面的知识，为其提供获得融资的机会。该学校举办了"创业蓝图挑战赛"，旨在鼓励新公司的发展，并为获胜团队提供丰厚的奖金。2019年，杜伦大学推出了"游戏规则改变者"课外创新计划，该计划是为了培养学生的创造力和创新力，激发他们积极进行创业活动，并运用创新思维为联合国可持续发展目标的实现设计解决方案。阿斯顿大学与伯明翰大学、纽曼大学等共同合作开展了"BSEEN计划"，旨在为在校学生和毕业5年以内的毕业生提供咨询与资金等方面的帮助。在这项计划的促进下，阿斯顿大学里具备专业技能和创业能力的创业者已经在科技、食品等多个领域开创了新的企业。抛开"BSEEN计划"，阿斯顿大学企业中心还分享给学生关于规划、营销和贷款等方面的资源，能够帮助学生熟悉创新创业，并致力于促使学生的创意变为现实。

英国的高等教育机构充分利用商学院的专业优势培养具有创新创业才能的人才，为创业活动提供了理论上的支持和未来必要的准备。同时给予学生创新创业的指导，帮助学生克服在创业过程中遇到的阻碍和困难，并积极鼓励非商科背景的学生参与到创新创业活动中。商学院提供充足的实习机会和模拟实验，有助于学生更好地应用理论知识，增强他们的领导力和执行力。英国各高校商学院作为商业知识的普及者，通过举办讲座、设立服务机构等方式将创新创业活动推向更宽广的地带，让其得到更深入的发展。英国高校经验表明，提高创新创业活动的推广程度并吸引更多的学生参与，能够汇聚不同学科的智慧成果，通过高校集聚多种智力资源，培养更多富有活力的创新型企业。

三、英国高校创新创业教育的特色

（一）具有良好的政策环境

在英国，创新创业教育受到政策环境的鼓励与支持，与技能部、贸工部、财政部和首相办公室四个部门共同制定相关政策和法规，其中包括科技创新政策、中小企业发展鼓励政策、大学改革与创新教育政策等。这些政策相互协调配合，为大学生创新创业提供了良好的政策环境。

英国高等教育创新创业教育的财政支持主要依靠政府和政府所设立的名为"第三条途径"的基金会。根据英国高等教育——企业和社区调查结果，以大学为主的英国高等教育机构每年可获得来自公共部门、私营部门等第三方提供的外部研发经费总额约为 30 亿英镑（其中 2009—2010 年为 30.86 亿英镑，2010—2011 年为 33.02 亿英镑，2011—2012 年为 34.31 亿英镑）[①]；科学业挑战基金的重点在于能够将创业教育和知识成果得以转化提供资金；新创业奖学金有益于弱势群体创造自己的事业，开辟独立自主的道路；全国科学技术和艺术捐赠基金给予拔尖人才一定的支持和鼓励，激发他们的创新思维和创造力。

（二）具有多样的组织模式

在 2007 年，波萨姆与曼森组织展开了一项关于高校学生的创业调查，该调查将英国大学的创业教育组织模式归纳为商学院主导模式和大学主导模式这两大类。商学院的主导模式可以分为几种不同类型：第一种是分离式模式，只有少数几个人负责管理；第二种是融合式模式，以团队组织为基础并强调协作；第三种是嵌入式模式，该模式下系统专业化程度高且范围广泛。大学主导模式也分为了三类：一是大学嵌入式模式，即在现有的组织结构中添加创业教育功能；二是大学主导式模式，即创办独立的创业团队和组织；三是学院主导协作模式，即多个学院协同管理创业教育事宜。六种模式各具特点，其中以大学主导式影响力和自主性最为突出，但在进行创业教育时需要综合考虑具有不同学科背景学生的特点。

（三）具有专门的管理机构

英国政府设立了英国科学创业中心（UK-SEC）和全国大学生创业委员会（NCGE，全面负责国内的创业教育），根据英国科学大臣圣博瑞所说，UK-SEC 算是"英国高校改革的催化剂，使得高校与企业更相关，而且提高了高校对社会经济增长、就业率和生产率的贡献"[②]。同时，创业中心数量已增至 13 个。这些中

---

① 李振兴. 创新的第三引擎——英国高等教育创新基金发展概况及其启示 [J]. 全球科技经济瞭望，2015，30（02）：29-34.
② 郭志辉. 大学生创新创业教育研究 [M]. 成都：电子科技大学出版社，2016.

心与许多世界知名大学建立了牢固且普遍的合作关系，构建了一个完整的互联网系统。

创业中心发挥了教学与孵化的双重作用，使得智力财产得以被快速转化，它的目标在于实现创业与传统大学教育的融合，促进大学文化的革新。它在四个方面展开行动：第一，实施创业教育，主要是针对科学与技术专业的学生；第二，增加与企业的交流互动，鼓励企业为高校提供资金支持和专业知识的指导；第三，激励创办企业，重点在于老师与学生建设知识衍生型企业；第四，支持技术朝着生产力方向转化，为大学的技术转化提供种子基金、天使资本、创业孵化等服务。

全国大学生创业委员会加强了对大学生企业家素质的培养，特别是激励大学生自己创业。NCGE的任务主要有三个方面：第一，促进高等院校、地区以及当地商业部门支持伙伴之间加强联系；第二，鼓励大学生在学科课程中加强创业技能的培养；第三，向决策部门提供影响大学生创业关键因素的信息，开展创业理论研究。

（四）具有全社会参与的创新创业教育文化体系

尽管英国的创新创业文化没有美国的强大，甚至受到一些保守观点的影响，创业水平也低于美国，但自20世纪80年代以来，在政府与社会的积极响应下，已经建立起全社会共同参与的创新创业教育文化体系，使得整个社会的创新创业氛围日益浓厚。

1. 地方政府以及非政府组织对创新创业活动的大力支持

地方发展局是一个半自治的组织，致力于推动当地经济发展，并促进各地区间和内部经济社会进步的平衡，重视大学生的创业。它的使命包括：促进经济增长和重建；促进就业；增强企业运营效能和竞争实力；发展和应用与就业相关的技能；推动可持续发展。它得到了公共资金的支持，与高校和其他创业支持组织建立了合作关系，以便提供各类项目，其中包括威尔发展局的"青年创业战略"（即YES），北爱尔兰发展局提供给了学生资金、咨询和指导支持。同时，英国许多智库和非政府组织也高度关注学校创业教育的开展。由杰出的大学学者和优秀的企业家联合创办的工业与高等教育委员会，其旨在加强高校和企业之间的合作和联系，帮助学生提升就业和创业能力，培养他们的创新精神与创业意识。英国行业技能委员会与地区发展局之间有着紧密合作。

2. 企业等组织对创新创业教育支持力度大

自 20 世纪 80 年代英国进行高等教育改革之后，大学与企业之间的联系愈发紧密。企业参与大学的创新创业活动能够达到双赢的效果，不仅有助于学校获取资金、平台支持和成果转化渠道，提升自身的知名度，并且还为企业注入新的活力。在英国，大学生创业项目得到了两家具有重大影响力的企业支持。一个是壳牌技术创业项目。大学生可以利用暑假八周或一年的时间在中小企业从事管理或技术项目的实习工作。这个项目已经发展成为在全国范围内实施的创业教育项目。另外一个是壳牌在线。2000 年 6 月，荷兰皇室和壳牌集团成立了壳牌基金会，在三个领域展开了支持工作，涉及可持续性能源项目、青年创业项目以及可持续性发展社团项目。壳牌公司和商业合作伙伴共同出资，支持这个项目，首先是为有创业意向的青年提供免费的咨询服务，包括顾客、市场、竞争和技能等方面的信息；其次，壳牌基金会还举办商业计划和创意计划研讨会，协助创业者克服在创业过程中所遇到的困难；最后，还成立了企业创办奖和企业成长挑战奖。

3. 高校自身重视大学生创新创业教育

英国的高校高度重视创新创业教育，并将其纳入大学的计划和政策之中，这为创新创业教育的发展营造了良好氛围。首先，高校高度重视并认同大学生创新创业教育的重要性，意识到所肩负的责任；其次，高校建立了明确的奖励机制，并通过多种途径筹措创业资金；最后，高校充分利用大学科技园的优势，增加与校友的联系，为学生提供了完善的教育互联网和人际互联网平台。

（五）具有高校师资与课程设置的优势

在英国，创新和创业教育的课程是一个综合了多种互动要素的体系，课程创设、教学方法探索、创业研究、师资建立培养，以及课外实践活动等被整合成多元化体系结构，为创新创业教育提供有利的支撑。第一，高校可以将创业课程引入互联网。第二，创业课程与校外活动相融合。第三，创业课程和创业研究相融合。

创业教育的成败与教师的教学水平息息相关。为了成功地教授创业课程，教师不仅要拥有丰富的商业管理知识，还要具备深厚的创业经验以及良好的创业意识和创新思维。英国存在两种不同类型的创业教育课程，即"为创业"和"关于创业"课程。在教授"为创业"课程的教师中，79% 是全职教师，而 21% 是兼职教师，98%的教师拥有商业管理经验历史，70%的教师曾尝试开创自己的企业。教授"关于创业"课程的全职教师占93%；其中有61%的教师有过商业管理经验，36%的教师创办过自己的企业。①

第四节 国外大学生创新创业教育的经验与启示

在吸收国外创新创业教育的经验时，需要结合我国的国情进行分析和考虑，更重要的是要以研究和分析为基础进行创新，结合我国当前创新创业教育的实际情况，吸收有益的经验和做法，从而更有效地促进我国的创新创业教育工作。

一、国外创新创业教育的经验总结

基于"互联网+"的时代背景，信息通信逐渐发达，交通运输也逐渐便利，使得被孤立散落的社会群体又结合在了一起，形成了网状结构的命运共同体。没有谁成为绝对的中心，每一个主体都是网状格局中关键的一环，并在自己的位置上发挥着独一无二的作用。当然，在这个网状格局的环境中，整体的协同运作能够产生1+1＞2的效应。这就如同人一样，个体器官的合作能够产生器官自身不具有的整体性功能。因此，现代社会越来越强调要协调统筹各个主体之间的关系，发挥各个部分的优势，以产生成倍的效应。

许多国家和地区都把创新创业教育作为推动经济发展、科技发展和增加就业机会的动力，因此，高校也开始注重创新创业教育。不同国家和地区的高校创新创业教育都有着自己独特的地方。例如，美国模式注重创新创业的教学方式，英国和德国等欧洲国家的模式体现出了职业教育的特点，亚洲模式主要以文化塑造为核心。通过观察和总结各个国家创新创业教育实践的特点，可以发现，每个国家都充分利用了网状格局来推动创新创业教育，通过"4+1联动"推动社会创业实践。其中，"4"是指政府、高校、社会、企业这四个主体；"1"是指发挥自身的主观能动性。创业教育的根本推动力量不在外部，而在自身的主动学习、主动接受。"4+1联动"的创新创业教育实践，与之前由政府和高校绝对主导的实践路径相比，能够充分利用社会中各方的资源，通过资源整合来实现最优化效益。

---

① 芮国星. 信息时代高校创业教育体系研究 [M]. 西安：陕西师范大学出版社，2016.

（一）政府在创新创业中发挥了主导作用

在创新创业教育实践中，每一方主体都是网络格局中的关键一环，没有绝对的网络中心，这是当下互联网时代的新特点。但是，政府依然占据主导地位。政府需要统筹各方力量、整合多种资源、发挥自身优势、优化创业教育，通过培养创新创业型人才，为推动国家经济的持续稳定和发展作出贡献。

根据上述研究发现，各个国家的政府有相似的行动路径。

首先，政府的教育部门通过设立相关的创业机构，在带动整个社会创业氛围的同时，举办各种创业活动指导社会各方力量积极参与创业实践。以英国为例，全国大学生创业委员会负责管理全国层面的创业教育，将高校与地方联系起来，为创业教育提供决策，参考社会的经济走向、所需要的专业人才，为高校创新创业教育出谋划策。

其次，政府通过颁布相关的法律、政策来支持创新创业教育实践。英国对于创新创业方面的政策与法律主要由四个部门（教育与技能部、贸工部、财政部和首相办公室）制定。美国颁布了许多与税务减免有关的政策，鼓励中小企业发展，也在整个社会上营造了一种亲商环境。许多重视创新创业的国家都把培育创意和创新文化、繁荣创业精神作为一项长期的策略方针。法国为了鼓励学生创业，给予"高校年轻企业"优先地位，通过实施减免社会保障分摊金和税收的相关政策，让年轻企业顺利熬过创业最困难的时期。

最后，政府还通过各种基金补助扶持创新创业型企业和中小企业的发展。同时各大高校在政府的支持下建立了创业基金会，支持大学生毕业后通过自我创业来带动国家经济的发展。

（二）高校是创新创业型人才培养的主阵地

教育工作主要是由高校开展的，高校在创新创业教育中扮演着不可替代的角色。高校在政府和产业界的密切配合下，不断地更新创新创业教育理念，引入最新的创新创业观念，结合时代特色开展创新创业教育课程。各高校还在原有的基础设施上加强创业孵化器、创业辅导机构的建设，同时通过网络平台加强与校友、创业企业家的联系等。总的来说，高校在创新创业实践中的具体行动路径有以下几条。

第一，从美国和英国的实例中可以看到，许多知名大学开始向创业型大学转变或者在学校中开办创业学院。创业型大学的办学理念是要求将知识转化为技术，把技能转化为生产力。大学的任务不再止步于学术研究的成果，而是强调最终要学以致用，使学术界与产业界结成伙伴关系。同时，创业型学校形成了一种宽松自由、鼓励创新的创业文化环境，美国的惠普、雅虎都是在这样的环境中创办起来的。创业型大学除了以创办企业为目的外，更重要的是培养学生的开拓性、创新性和进取性的创业精神，这对个人的成长来说是终身受益的。在创业型大学中较为成功的当属美国的斯坦福大学和麻省理工学院。

第二，美国、英国、日本的许多高校开始将创新创业课程纳入学分制的课程体系中，使创新创业课程从原来的辅修课程变成现在大学生和研究生的必修课程；从最早是管理学院和商学院的课程变成所有专业学生都可以选修的课程。并且，世界各大高校的创业课程内容与专业结合得更为紧密了。针对不同学科开展不同的创业课程，无论是工科还是艺术类院校，他们都能够通过本专业的创业来实现自己的价值。在创新创业教育中，教学方式也越来越灵活多样。在课堂上不再只是教师单一地传授课堂知识，而是通过师生互动来实现参与式的课堂学习。教师在课堂上教授成功和失败的案例，与学生共同分析，让学生从中得到经验教训。此外，学校还会邀请创业者、企业家为学生讲授他们的创业过程，和他们分享自己的创业故事，让每个学生都能从中得到自己对于创新创业的感悟。

第三，各个国家的高校都为学生创新创业提供了丰富的资源。美国的高校利用硅谷带来的资源，如以硅谷工业园区的创新企业为实习基地，让学生深入掌握市场的最新动态和了解技术需求，为未来的创新与创业奠定坚固的基础。许多高校利用网络资源，分享给学生大量的创新创业教育素材，并搭建了一个网络模拟练习平台。在互联网信息共享的时代，通过网络，教师和学生都可以足不出户地获取各个国家最好的创新创业资源和素材，这对学生将来的创业实践是一笔宝贵的财富。美国大学的创业中心和孵化园也为学生提供了丰富的资源，除了提供创业教育外，创业中心和孵化园还开展了多种多样的创业实践活动，以开阔学生视野、磨炼学生意志。此外，创业中心和孵化园还为创业的学生和新创企业提供咨询与帮助，共同解决创业初期的问题。在创新创业教育的资源中还有一个必须提到的就是校友资源。通过互联网连接世界各地的校友，充分利用校友的人脉资源，使创业者可以获得更多的信息和机会，也可以获得更多职业的资源支持，从而获得更大的成功。

（三）企业和社会是创新创业人才培育的第二课堂

在传统思想中，政府和高校是创新创业教育的中心力量，无须再有其他的力量参与到教育领域中来。然而进入互联网信息共享时代后，创新创业教育不再局限于政府和高校领域，越来越多的社会力量成为人才培育的第二课堂。社会力量利用自身灵活的组织形式、丰富的可利用资源等优势，在创新创业教育领域发挥着独特的作用。

第一，企业最重要的就是提供实践教育的平台。每个国家都会充分利用企业这个资源来开展创新创业教育，因为通过实战演练最能锻炼学生的综合能力。这些实践机会不仅能给学生带来利益，还能给企业带来新鲜的血液和创新发展的灵感和动力，也带活了整个国家的创新创业氛围。例如，英国、美国的许多企业和高校合作，将高校中的技术理念转化为造福百姓的实用技术，真正地为社会创造出使用价值，不但能够为企业带来利润，而且对于高校来说也是一种机遇。高校可以从中获得资金，改善自己的创新创业基础设施环境，提高创业教育的质量水平。

第二，各国的创新创业教育如今还得到了社会各界的广泛支持，并与各种非营利性组织团体进行合作，开展了一系列创业教育活动。比如举办创业大赛，不仅能够培养学生创业实践的能力，同时也为风投者提供发现项目的平台。在大赛上脱颖而出的创业者都能够获得风投者的资金支持，将其作为创业项目的起始资金，这对于资金有限的年轻人来说是一个极好的机会。

（四）个体是创新创业教育中的灵魂

在"4+1联动"的教育路径中，无论是政府、高校，还是社会、企业，都在创新创业教育中发挥着至关重要的作用。事实上，人才保障也是创新创业得以成功的关键因素。人才是创新创业教育开展的推动力，正是因为他们对创新创业教育的需求，才会鼓舞政府、高校不断地完善创新创业教育体系，才会使整个社会形成一种亲商、勇于创新、勇于拼搏的文化精神。当然，也正是因为创业者的社会创造活力被激发，社会中的每个成员在竞争、创新的社会氛围中寻求自我突破，使国家的经济也在这样的环境中发展起来。

在互联网时代，在创业者需要培养的创新创业精神中，最重要的是互联网思维。互联网思维最重要的特征就是"平等"和"开放"。对每一个创业者来说，在互联网时代，每一个人都有平等的机会，每一个人都拥有同样开放的资源，所以这是最公平的时代，就看创业者能否拥有互联网思维，把握机遇。

1. 创业者必须拥有"用户思维"

在互联网时代，新创企业必须以用户为中心，根据用户的个性化需求提供多样化的产品，这才是企业成功的关键。

2. 创业者要有"简约思维"

现代的创业者不能再以大而全作为企业的竞争核心了，必须以简约作为产品发展理念，如苹果以其简约的风格和功能获得了全世界无数"果粉"的认可。

3. 创业者要有"迭代思维"

互联网时代的企业不能再保守地等待用户反馈，然后花 2 年到 3 年的时间研发新产品。现在产品的更新换代速度惊人，因此企业必须有一种急速发展的思维，在与用户的碰撞中把握用户需求、不断完善产品。

4. 创业者要有"破坏式的创新思维"

创业者不能再故步自封地走原来创业者的老路了，不能在未产生盈利时，自己做搬运工、复制别人的产品，这在当下的时代绝对不可行。要想在市场中占据一席之地，创业者必须突破旧有的生产方式和生产思维，通过颠覆性的变革来实现创新创业，这才是未来新创企业的生产之道。

5. 创业者要有"跨界思维"

现在的创业绝不仅仅局限在一个领域，互联网时代不仅要求各个行业的联合，更需要实体经济和虚拟经济的融合。一旦一些企业家掌握了用户和数据资产，他们就能够参与跨界竞争，那么跨界也变得更加频繁与普遍。

6. 创业者要有"大数据思维"

在互联网数据时代，具有能够在万千数据中挖出有价值信息的能力的创业者，就能在竞争中取得成功；能够对数据进行有价值的分析的创业者，就能成为创业王者。

（五）宽松的环境能助力创新创业教育

创新创业教育成果的达成受外部环境因素的影响。良好的环境能够有效地支持创新创业教育理念的实践，能够使拥有不同背景的创业者在宽松环境中自由地沟通。国外高校如何通过环境营造来提升教育质量的方法值得借鉴学习。首先，创造一个宽敞的物理空间。创新创业物理空间涵盖了各种交流平台、创业基地、孵化器等，像瑞尔森大学学习中心是由学校出资建设，对校园内外的人保持开放；斯坦福大学中的哈索普拉特纳设计研究所一直备受全球瞩目，吸引了来自世界各地的参观者，任何人都可以获取一份自助参观指南，且所有空间都对外开放。其次，创造一个自由而平等的交流环境。持续的交流和思想碰撞是产生创意的最好方式，在国外的创新创业教育中，案例教学法被广泛借鉴使用，目的是鼓励学生自主思考、表达和交流，为师生和同学们提供平等自由的交流空间。最后，创造一个包容多样化的文化环境。在美国的斯坦福大学和马里兰大学等高校，创业教育是由来自不同学科背景的创业者通过不同形式的社团、创新创业机构和各种项目经过共同交流产生的。在大学校园中各种创业活动，如创业口号、比赛和交流会等处处可见，这种浓厚的创业文化已经深深扎根于校园当中。在瑞典的高校，创新创业教育逐渐趋向国际化。来自不同文化背景的教授运用各自不同的思维方式和方法为学生提供教学指导。

二、国外创新创业教育的启示

（一）立足创新创业教育本质，实现创新创业教育协同发展

1. 明确人才培养目标，深化创新创业教育的跨界和融合

我国的创新创业教育相对起步较晚。尽管中央和各地政府以及各高校陆续出台许多鼓励大学生和教师创新创业的政策，促进创新创业教育的发展，但仍需进一步与我国高校人才培养体系协同发展，才能实现更加全面的融合。创新创业教育的实施，不仅关乎学生如何创办企业的问题，也涉及一系列其他与成长和发展相关的必备技能。这些技能涵盖的能力包括：辨识生活机遇的能力；通过创造新思路和整合必要资源发掘机遇的能力；创立新企业和有效地管理其运营的能力；洞察未来和辨析的能力。高等教育提供的创新创业教育对学生的综合素质和未来

发展至关重要。为了培养具有时代特征的创新型人才，需要明确创新创业教育人才的培养目标，深化教育改革，打造一套专业的创新创业学科体系，并且将创新创业的理念引入其他学科的教学方案中，突破传统学科的局限，从而达到创新创业教育的跨界交流。

2. 加大政策支持力度，创造良好的创新创业环境

高等教育机构要想实现创新创业教育的可持续发展，需要政策支持和保障。科学有效的政策能够改善创新创业教育环境，为实现创新创业教育的科学发展提供强有力支持。我国创新创业教育的推广普及工作需要借鉴国外的前沿理念和发展模式，但不能盲目模仿，应结合我国实际情况，制定符合本国特色的政策和发展模式。同时，对政策的可行性和执行力也要加以重视，既要不断出台新的政策，也要完善原有的相关政策，以便能够促进我国创新创业教育的可持续发展。在这个过程中，政府、学校和企业需要加强合作，形成有效的合作机制，确保创新创业教育的长期发展。

3. 积极搭建创新创业实践平台，提升创新创业教育的实践性

高校创新创业教育的考察不再依靠传统的学科理论考试成绩作为评判标准。创新创业教育注重发展学生的创造性思维和企业家精神，最终通过提升学生的创新创业思想观念和实践来验证其有效性。因此，创新创业教育还是以它的实践价值作为落脚点。首先，需要建立一种创新创业的实践平台，将创新创业教育与专业性实习、实验教学和毕业论文设计相融合，在学生的各种实践活动中，培养其创新思维能力。其次，高校鼓励学生积极参与本专业的科技创新竞赛和创新创业竞赛等活动，通过这些竞赛可以帮助学生将理论转化为实践，将想法变为现实，提升他们的创新和创业能力。再者，学校应该加大对学校创业实践基地、创客空间等创新孵化场所的投资力度，为学生聘请资深的创业导师团队，提供给他们更加全面的创新创业服务与指导，营造一个优越的孵化环境，有助于学生的创新和创业。另外，要推进创新创业教育，需要充足的经费支持，所得到的资金可用于促进学科建设和研究、组织比赛以及建设孵化基地等方面，以确保创新创业工作的顺利实施。最后，在推动大学生创新创业教育时，应注重实践教育的理念、积极整合社会资源、建立校外实践平台、增加实践的渠道、让学生能够更好地融入社会、了解企业，从而有效提升创新创业教育的实践价值。

(二)加强师资队伍建设,构建高水平师资队伍

1.优化师资结构,建立专职与兼职相结合的师资队伍

基于国内外创新创业教育开展情况,国外高校创新创业的师资分为两类:校内专业教师和校外兼职老师。校内专业教师不仅拥有卓越的专业理论水平,还有着丰富的创业经验和丰硕的创新成果。校外的兼职教师,通常是一些拥有成功企业经历和理论素养的人。一般来说,中国的高校教师较少有创业或企业挂职的经验,而且校方较少聘请外来人士兼职授课。要积极推进创新创业教育工作,仅仅教授理论知识是不可行的,必须注重实践,培养学生的创新创业意识和操作能力。高校可邀请外界有影响力的创业者和知名企业家到校授课、举办讲座或沙龙等活动,以促进创新创业教育工作的开展,并激发学生的积极性和热情。因此,持续遵循"专兼结合"的准则,提升高校创新创业教育教师团队的素质,是我国高校开展创新创业教育不可或缺的必要条件。

2.注重师资培训与管理,提升教师教学水平

当前快速变化的经济带动了社会环境中的教育发展,学校要重视对教师的培训和管理,帮助教师不断提高自己的教学水平和科研能力,满足高校教育教学改革和学科专业发展的新需求。由于创新创业教育在我国刚起步,导致专业的创新创业师资相对稀缺。此外,大部分创新创业师资都是在临时转型中,而创新创业教育的教学要求教师既要熟悉金融、财务、人力资源、市场营销和工商管理等诸多学科知识,还要锻炼学生的创新思维和创业能力。一方面,学校为教师提供培训平台和机会,其中包括提供各种专业培训、创新思维训练、KAB项目培训和SYB项目培训等,以提升教师的综合理论水平。另一方面,可以加强在校教师与校外企业家之间的互动和交流,组织教师到企业中参观、实习和交流,进一步提高他们的实践水平和能力。

3.创新教学模式,促进理论与实践教学的有效结合

从创新创业教育的本质属性可以看出,其教学内容和理念区别于其他传统的学科教学,它的人才培养目标决定了其教学的模式与当前的授课方式不同。在传授理论知识的基础上,首先应增加实践教学的环节。创新创业实践教学可以通过创设项目、开设论坛、参观企业等方式,增强学生对创业过程的体验与了解。其次应转变教学理念,更新教学方法。为了开设多元化的创新创业课程,教师要抛

开传统的"老师讲,学生听"的教学方式,除了传授基本的知识外,还要给予学生充分讨论的时间,让学生动手创建项目,增加学生与企业、创业者之间的联系。因此,分组讨论法与实践教学法在创新创业教育中实用度很高,增强了教学的实践性与启发性。

(三)全面加强学科建设,融创新创业教育于专业教学

1. 完善创新创业课程体系,促进其与专业教育的融合

尽管我国大部分高校设有创新创业类课程,但是仍然存在课程设置无序、课程时长不足、学科建设不完善等问题,缺乏系统化、专业化的创新创业教育课程体系。从学科角度来看,创新创业教育横跨多个学科领域,具有综合性较强的特点。由于创新创业教育的性质决定了其以实践为核心,因此也可将它视作一门实践导向的课程。在建设大学生创新创业课程体系方面,首要任务是开发特色鲜明的创新创业主导课程,积极引导学生以创新思维和创业意识为主导,从而为创新创业教育的开展打下坚实基础。另外,应加强创新创业教育与各专业领域的融合,将创新和创业的理念渗透到专业教学中,以提高创新创业教育的实际效果;需要在教学计划中规定一系列实践课程,例如,参观企业和实习、创业项目研讨、创业讲座等,这样有助于理论与实践的有机融合。

2. 注重理论与实践的结合,提升学生的综合创业素质

为了提高学生的综合创业素质,创新创业教育需要结合理论和实践教学。这意味着在开设创新创业课程时,需要平衡课堂理论教学和实践指导之间的关系,在课程设置上充分考虑理论和实践课程的比例,以满足创新创业教育的需求。此外,理论课程的内容需要多元化,除了着眼于创新创业方面的知识,还应该涉及许多其他相关学科,例如,金融、财务、人力资源、市场营销和工商管理等知识。规范合理的实践课程设置不仅能够为同学们提供项目创作的实践机会,还有机会邀请校外知名学者和成功企业家进入课堂、进行授课。此外,还可以让同学们走进知名企业或正在创业的公司,深入了解企业的运营与管理方式,拓宽视野。灵活的课程设计不仅能够提高教学效果,还能够激发学生对创新和创业的热情。

3. 扩大主导课程的实施范围,有效培养学生的创新创业意识

高校创新创业教育以"育人"为核心目标,与传统学科教育不同,它在于培

养学生的创新思维、引导创业意识,以及提升相关能力,如创业能力和管理能力等,其本质是一种素质教育。创新创业教育潜移默化地影响着学生的整个成长过程,并使其终身受益。因此,创新创业教育是全体学生在必修课范围中不可缺少的部分,高校应该设置创新创业方面的通识必修课程,并规范课程设置,扩大课程的教育覆盖范围,积极推动创新创业教育与高校人才培养体系紧密结合。

第四章 "互联网+"背景下的创新创业教育对策

随着经济的发展和社会的不断进步，人们的综合素质得到极大提升，开展创新创业教育应逐步被纳入高校课程体系之中，创新创业教育的目标应根据市场的需要而确定。首先要确立创新创业教育的基本原则，建立创业教育课程的完整体系，同时中国也要选择创新创业教育课程的内容，完善教学方法的选择机制。本章主要介绍在"互联网+"背景下创新创业教育的策略，依次从"互联网+"背景下学生创新创业教育有效性研究、"互联网+"背景下学生创新创业能力培养、"互联网+"背景下学生创新创业教育模式创新、"互联网+"背景下的创新创业项目分析四个方面阐述。

第一节 "互联网+"背景下学生创新创业教育有效性研究

一、大学生创新创业教育有效性研究的理论依据

要探讨"互联网+"时代背景下大学生创新创业教育的有效性，必须全面了解其涉及的各个方面，这是研究的理论基础。以在线教育为例，网络教学是通过互联网进行的学习行为。随着互联网时代的发展，网络教学已经成为当今教育发展的趋势，并且是不可忽视的现代教育力量。大学生就业思想道德教育是涉及大学生思想道德教育和就业指导的共同领域，着眼于与就业相关的思想道德教育，目的是引导大学生正确看待就业、选择职业、创业打拼。创新创业教育涉及将创新融入创业的过程，旨在培养学生的创新精神和创业素质。有效教学是一种教育活动，它遵循客观规律，有助于学生充分发挥自身潜力，帮助教师实现教学目标。

（一）在线教育理论概述

1. 在线教育的含义

在线教育，也被称为 E-Learning，是指通过网络进行的学习活动。在线教育主要源自美国，在那里约 60% 的公司都通过网络向员工提供培训。自 1998 年之后，在全球范围内开始兴起在线教育，从北美、欧洲开始迅速扩展到亚洲。越来越多的国内企业对在线教育方案表现出了浓厚的兴趣并开始实施解决方案。在线教育并不仅仅是一种工具，而是一种革命性的教育方式，使用技术只是为了更好地传递知识，而在线教育的真正意义在于知识的本身以及学习所带来的巨大变革。通过网络教学的方式，学生和教师可以跨越地域限制，进行线上学习和教育。使用在线教育课件使得学生不用受到时间和地点的限制，对于职场人士而言，在线教育是最方便的学习方式，尤其是针对那些工作压力大、学习时间不固定的人来说更是如此。在线教育的方式多种多样，包括环球职业网校、游学网、黄冈网校、101 网校、北京四中网校、新华网校等。

尽管网络教育在中国的发展进程不太迅速，起步于 20 世纪 90 年代，然而它仍然保持着稳步上升的发展趋势。国内网络教育模式的发展方向建立在网络教育模式的基础上，提供了以在线教育为主的学习环境，最大程度地调动了学习者的主动性和积极性。该模式具有个性化学习和协作学习的特点，注重满足学习者的个体需求。

2. 在线教育的主要内容

在线教育的实现需要借助一个好的学习平台，因此逐渐兴起的网络在线教育平台最为适合。在平台上，学生可以接受各种内容的教育，包括但不限于视频课程、教育游戏和线上讲座等。在线教育平台是一种利用网络和软件技术搭建的远程教育工具，可以实现在线培训和教育的目标。该平台由简单易理解的课件、导入试题和功能制作构成，可帮助政府、行业或企业快速打造所需的专用知识库体系，提供培训需求调查、培训目标设定、课程体系设计、培训计划、培训管理过程的监控和评估服务，协助客户高效地完成员工培训和考核任务。在线教育突破时空的局限性、覆盖面广且有着丰富的共享资源，支持学习者的自主学习和主动探究，是现代教育不可或缺的重要组成部分。在实际操作中，在线教育的内容表现为以下几方面。

（1）政府方面

政府正朝着学习型政府方向转型，随着政策环境的不确定性、新事物的大量涌现，对公职人员有了更为严格的要求。此外，政府机构有着大量的网络资源，"在线培训系统"有助于公职人员增加自身的知识储备。最为重要的是，政府机构所属的是垂直管理体制，即政府可以在一定范围内创建和维护一套新的知识库，实现全球资源共享。

（2）学校方面

随着网络技术的进步，各高校可利用网上学校，增强学校、老师与学生之间的联系，提升教学的质量水平，还能够建立一座共享的教学资源库，分享课程精品，宣传学校高质量的教育水平。

（3）行业方面

许多行业知识库系统复杂、类别数量多、跨度范围大、行业一直以来以积累知识和经验为主，但由于地理位置的限制，这些资源一直不能够统一共享。对此现象，业界可以充分利用现有资源，重新建立起一个公共的资源库，从而实现利益最大化。

（4）企业方面

企业的最大竞争力是知识库系统。企业可以借助"在线教育培训系统"组建自己的资源共享库，并允许企业内部的相关人员随时学习与分享。因此相关人员的素质不断增强，企业资源库也实时更新，所以企业才能够保持长期的竞争力。对于大型的企业还可以给合作对象与客户提供远程学习的平台，极大地提高了合作对象的专业技术水平，降低了相关成本的损耗。

3. 在线教育的主要目的

（1）资源最大化利用

各种教学资源凭借先进的网络技术打破了空间的制约，将在线教育转变为一种具有普遍性和大众化的教育，高校利用自身的资源优势，通过在线模式展开了广泛传播。

（2）学习行为自主化

在线教育中网络技术的应用有着"五个任何"的特点，即任何人、任何时间、任何地点、任何章节开始、任何课程学习，也清晰显示出在学习模式上的自主学习特点，满足了现代教育和终身教育的需求。

（3）学习形式交互化

师生之间与学生之间的交流可以在各个方面进行。在线教育拉紧了师生之间心与心的距离，拓宽了师生的交流范围，通过计算机对学习期间提问类型、数量和频次进行统计分析，教师能够了解学生在学习中遇到的各种各样的问题，进而有目的地对学生进行指导。

（4）教学形式修改化

在线教育能够真实追踪所有在线学生的相关信息，包括其学习过程和阶段情形等相关信息，使教师能够根据学生在个人数据记录系统中的每个学习阶段的具体情况，有针对性地对学员提出个性化学习方案。

（二）有效教学理论概述

有效教学一直以来被作为热门话题出现在大众视野，是目前课堂教学改革的重点和难点，最近几年关于有效教学的研究出现许多为人称赞的成就，教学和研究领域的理论实践在全国获得越来越多的共鸣。从某些方面来看，它作为一个普遍适用的新型教学思维，进一步推动着课程的改革发展，并在其不断地研究、猜测与反思中步入一个至关重要的阶段。

1. 有效教学的含义

在20世纪上半叶就出现了有效教学的概念，它是根据美国实用主义和行为主义心理学的相关内容综合形成的西方教学科学化运动。常见的英语为"effective teaching"和"effective instruction"，它们的汉译便是"有效教学"。有效教学不只是单纯地指课堂上的行为或者大家所认知的教师课堂行为，它所包含的教学活动效率高、效果好、效益大，俗称"教学正常化"，争取以最少的时间和精力达到最大的教学效果，追求陶行知所提倡的"教是为了不教"的境界。此外，有效教学是师生遵从教学活动的客观规律，以最佳的速度、效率和效益推动学生在知识与技能、过程与方法、情感态度和价值观"三维目标"上得以整合协调，促进其可持续地向前发展，以便能够达到教学目标的理想预期，满足社会和个人的教育价值需求。有效教学的概念有三层含义：第一，是以学生的学习作为评价标准；第二，将教学的"三维目标"进行整合协调是学生进步发展的基本前提；第三，通过有规律、有效果、有魅力的教学促进学生的进步和发展。

2. 有效教学的主要内容

有效教学就是在符合时代和个体积极价值建构的前提下，使教学效率在一定时空内不低于平均水准的教学。有效教学的"有效"，主要是指教师在一种先进教学理念指导下经过一段时间的教学之后，使学生取得具体的进步或发展。有效教学的"教学"，是指教师引起、维持和促进学生学习的所有行为和策略。它主要包括三个方面。第一，引发学生的学习意向、兴趣。教师通过激发学生的学习动机，使教学在学生"想学""愿学""乐学"的心理基础上展开。第二，明确教学目标，教师要让学生知道"学什么"和"学到什么程度"。第三，采用学生易于理解和接受的教学方式。对此，有以下几点要求。

（1）关注学生的进步或发展

首先，要求教师有"对象"意识。教学不是唱独角戏，离开"学"，就无所谓"教"，也就是说，教师必须确立学生的主体地位，树立"一切为了学生的发展"的思想。其次，要求教师有"全人"的概念。学生的发展是"全人"的发展，而不是某一方面（如智育）或某一学科（如英语、数学等）的发展。教师千万不能过高地估计自己学科的价值，而且也不能仅把学科价值定位在本学科上，而应定位在一个完整的人的发展上。

（2）注重教学效益

这要求教师有时间与效益的观念。教师在教学时既不能跟着感觉走，又不能简单地把"效益"理解为"花最少的时间教最多的内容"。教学效益不同于生产效益，它不是取决于教师教多少内容，而是对单位时间内学生的学习结果与学习过程综合考虑的结果。

（3）关注可测性或量化

教学目标应尽可能明确与具体，以便于检验教师的工作效益。但是，并不能简单地说量化就是好的、科学的。在教学中既要反对拒绝量化，又要反对过于量化。应该科学地对待定量与定性、过程与结果的结合，全面地反映学生的学业成就与教师的工作表现。

（4）教师需要具备反思的意识

这需要教师不停地反思自身平时的授课活动，不断地自我反问，比如"怎样才能做到教学有效？""我的教学有效吗？""是否还有更为有效的教学方法？"。

（5）注重过程的策略性

这要求教师具有相关策略倾向的知识储备，从而使自身在面对不同的情况时从容应对。

3. 有效教学的主要目的

首先，探索一种适合学生自主学习的教学模式。教学的过程是互动的过程，教师如何教是一方面，学生怎样学是另一方面。填鸭式的教育模式已经跟不上教育改革发展的步伐。如何使学生自主或者主动地去学习、使有效教学真正达到有效，这个问题是不容忽视的。

其次，培养学生创新意识和创新能力。学生在学习中不能仅是完全照搬地接受知识，而是应该有所创新、举一反三。这就要求教师在教学中因势利导、循循善诱，充分培养学生的创新意识和创新能力。

最后，培养教师教学的创新理论与方法。广大教师应树立"教什么"和"怎么教"的工作思想框架，从而得心应手地进行教学程序设置。在切实可行的实践中，证明有效的教学模式能够提高课堂教学的效果，并对学生相关知识的学习、问题的认识分析有着积极的效果。同时，有效的教学模式也使教师的教学理论水平有相当大的提升。

二、现代大学生创新创业教育有效性欠缺的原因

当前大学生存在职业价值取向和择业观具有功利性、职业理想和职业目标具有盲目性、心理承受能力和自我控制能力弱等问题。究其原因为高校的重视程度不够、对创新创业教育的保障不足、社会的支持不够等。国家和高校也意识到了大学生创新创业教育的重要性，试图通过各种渠道来加强其在大学生就业过程中的作用，以缓解大学生就业难的问题。虽然目前取得了一定成效，但是纵观全局，大学生创新创业教育还没达到预期效果。

（一）目前大学生创新创业教育有效性欠缺的原因

1. 创新创业教育理念和定位不科学

高校对创新创业教育的本质理解不到位，错误地将其视为培养创业者和企业家的一种途径，甚至认为创新创业教育是大学生毕业就业指导的一部分，这种错

误认知导致了创新创业教育目标的偏离。教师只强调了创业知识和技能的传授，而不重视激发学生的意识和能力，这对学生综合素质的提高造成了一定影响。有的学生依然存在一些思想误区，认为只有拥有创业梦想的个人才需要接受创新创业的教育，大部分学生对于创新创业的教育缺乏兴趣、重视程度低、缺乏主动性、对各种创业相关活动参与率低，导致无法形成活跃的创新创业气氛。

2.创新创业教育模式没有形成

目前创新创业教育模式还没有进入成熟阶段。许多高校都根据自身对创新创业教育的认知，结合自身状况和条件进行创新创业教育。但这些创新创业教育模式多元化、没有明确的类别划分、缺乏系统性和成熟性，且质量和水准参差不齐、随意性较强，难以培养出高品质的创新型和创业型人才。

3.创新创业教育与专业教育脱节

高校专业教育一般在原有课程体系和人才培养方案的基础上会增加一些创业课程或创新课程，但这些课程与创新创业教育之间存在脱节的问题，它们与专业学习无直接关系，而且这种做法没有充分认识到创新创业教育和专业教育之间的紧密关联。事实上，专业教育是基础，而创新创业教育则是起到引领作用。若缺乏专业教育，创新创业教育将没有根基；若没有创新创业教育，学生也不能提升他们的创新意识和创业能力。这种方式使创新创业教育浮于表面，成为一种注重技巧或技能的教育，难以达到创新创业教育的预期目标。

4.创新创业教育实践环节薄弱

实践不仅是创新创业教育的重要组成部分，也是提高创新创业教育效果的基本途径。但是有些高校在进行创新创业教育时注重理论授课，停留在创业计划书的理论构思上，而忽略了实践教学环节。尽管一些高校已经开始推行创业实践教育，但因经费、条件等方面的限制，所提供的创业实践机会相对较少且覆盖范围有限，导致大部分学生难以获得参与机会。如果进行创新创业教育只是涉及理论的讲解，没有实际操作的环节，那么学生很难真正地感受到创业的实践经验，他们也很难在这方面提高自身的综合素质。

5.创新创业教育师资队伍薄弱

教授创新创业教育的教师队伍需要兼具理论和实践的经验。关于理论方面，创新创业教育要求教师能够不断更新自身知识，积极探究创新创业的理论和教学研究。事实上，大多数从事创新创业教育的高校教师来自相关专业，他们缺乏系统掌握创新创业理论的能力，对于从事创新创业相关研究的经验也存在不足。关于实践方面，创新创业教育要求教师能够将自己的创业历程、感受和经验引进教学当中，以便更好地帮助学生加深对创业的理解。然而，高校目前缺乏具有创业实践经验的教师，因此教师只能通过传授书本知识的方式来教学，从而影响了教学效果。在高校中，既能讲授创新创业教育理论又拥有实践经验的教师实在是少之又少。

（二）当前大学生创新创业教育有效性欠缺原因分析

1. 对创新创业教育的重视度不够

创新创业教育要想取得有效成果，需要政府、社会、企业和高校的多方合作和支持。然而，当前政府、社会以及企业的支持力度不大。政府在工商、行政、税收等各方面颁布的有关大学生创新创业的扶持政策相对不足，对创业实践的深度发展造成了严重制约。无论是从风险投资机构、社会组织、银行或者其他金融和非金融机构方面来看，大学生在创新创业方面所需要的资金支持力度没有达到令人满意的水平。企业人才培养基地在大学生实践中扮演着重要角色，但也没有给予大学生足够的支持，反而成为阻碍他们了解企业运营并获取相关知识的屏障。作为创新创业教育主要阵地的高校，也缺乏对创新创业教育理念的认知与重视。很多高校在创新创业教育上缺乏专门管理的机构，即使有这类机构，其效果也不显著。此外，对师资队伍的建设也不能很好地支持创新创业教育。因为缺乏专职队伍，对授课教师的培训没有完整的管理体系，理论与实践兼备的指导教师稀缺。许多高校未将大学生创新创业教育融入教学和课程体系，创新创业计划和方案缺乏统筹性。大学对待创新创业教育仅将其视作选修课程，或者只限于通过开展讲座、举办创业设计大赛等方式开展创业教育。

2. 对创新创业教育的理论研究欠缺

高校大力推行创新创业教育，不仅有助于推动高等教育科学发展，深化教育教学改革，还可以提高人才培养的质量，具有非常重要的现实和战略意义。尽管我国高校开展大学生创新创业教育仅有短短十几年的时间，但在国家和政府的大力支持下，大学生创新创业教育展现出了显著的成就：国内对其研究的关注度有所提高，表现在相关论文数量呈逐步增多的趋势。在学术界，可以将研究分为宏观和微观两个层面，这也是基于众多学者的共识。许多学者就此问题从不同的角度进行探究，包括文化视角、创业心理素质角度、课程体系研究以及具体类别院校解决方案等方面。尽管这些成绩非常值得关注，但是在创新创业教育理论方面的不足仍然存在。这种不足不仅是数量上的简单增加，而且涉及理论创新、深层次内涵理论和实际应用理论的不足。理论具有有效推动实践的作用，因此在现实需要的前提下，对理论的研究必须不断地更新进步。高校应该加强研究的力度、提高研究的效果和质量，以满足现实需求，并为构建创新创业教育理论体系作出贡献。

3. 对创新创业教育的实践研究欠缺

实践性是进行创新创业教育最关键也最具活力的特点。理论研究是必需的，但不能只停留在理论上，需要注重实践。因此，在研究创新创业教育时，必须注重对实践层面的研究，而不能仅仅停留在纸面上的讨论。目前，研究创新创业教育实践方面的首要问题是如何构建创新创业竞赛平台；此外还探讨了建设创新创业实践基地的方案，需要创业实训基地和创业孵化基地的建设。最后，要探讨建立校外创新创业基地的问题。这包括与政府、社会和知名企业加强联系与合作，将高校的知识技术优势与企业的资金和设施结合起来，实现优势互补。尽管这些实践研究在创新创业教育发展中起着至关重要的作用，但随着这一教育领域的不断发展，这些实践研究似乎已经逐渐失去了新意，这就制约了创新创业教育在实际操作中的有效推进。对于增强创新创业教育的实践研究，确保其与创新创业教育理论的发展相贴合、真正将研究成果应用于实践，是当前需要加强的方面。高校应注重丰富研究内容、多样化形式，并确保实施研究的有效性，以加强对创新创业教育的实践研究。

4. 对创新创业教育的创新研究欠缺

我国创新创业教育发展到今天，虽然其课程设置、教学方法以及教学过程在逐步改变，但这些改变仍然受限于传统的教育教学模式。传统的教育教学方式将关注点放到课堂授课模式，忽视了理论知识的更新和实践环节的创新程度，这会导致学生缺乏学习的兴趣和动手操作能力，最终影响到他们有效地掌握知识的能力。现今社会已将创新视为重要议题之一，教育界必须加强自身的创新能力来培养大学生的创新创业素质，这是一项紧迫且不能推延的任务。信息技术的快速进步推动了网络在各个行业的广泛应用，教育领域也面临着机遇和挑战。在这种背景下，实施教育教学改革需要对传统的教学模式进行创新，以跟上时代的步伐。然而，目前看来，创新创业教育的改革还不充分，无法有效地适应经济社会的需要，无法满足创新创业教育的发展需要，以及培养创新型人才的需要。为此，今后的研究需要重点关注这个问题，高校需要加强对创新创业教育的改革和创新。

三、"互联网+"背景下学生创新创业教育有效性的新视角

创新创业教育不能只以缓解目前的就业压力为目标，而应立足于为社会培养创新型人才及着眼于民族的创新意识培养，把创新创业理念与民族精神加以融合。高校应以建立创新和创业意识、培养创业精神和创业能力为教育理念，并把其真正内化为高等教育的职能和使命。在高校整体的教育体制改革和具体的教学过程中融入创新创业教育实质性精神，构建具有普遍性、把专业教育融入人才培养全过程的创新创业教育人才培养全新模式，同时把创新创业意识、创新创业精神、创新创业能力、创新创业人格等对创新创业素质的培养，也要纳入这一人才培养体系。

（一）教育理念的创新

教育理念是人们对教育现象、规律和特点的理性认知、理想追求，以及他们关于教育思想和哲学的观点和信仰，具体表现为相对稳定和连续性的观念。因此，高等教育理念既符合事实，又符合应当如此的原则。这个想法代表了人们对高等教育现实的理性认知和对未来发展的合理预期，反映了人们对高等教育规律和本质的理解过程。并且高校在实施创新创业教育时的理论指导是基于创新创业教育理念的深入研究。特别是在我国高等教育开始开展创新创业教育后，各高校不断从世界知名大学借鉴经验，并对创新创业教育进行本土化研究。同时，创新创业教育是素质教育的进一步深化和具体实践，也展现了大学教育、专业教育和通识教育相结合的新方向。

1. 对比以前的创新创业教育理念

创新创业教育主要面向大学生，但他们由于缺乏社会经验、市场概念、实践能力和管理经验等，其实际创业难度较大。其实创业更看重的是实践经验，因此，

以往传统的以教师为主导的教学方法，已无法很好地适应大学生在创新创业方面的教育需求。许多高校对创新创业教育的理念认识不够深刻，因此对它的重视程度不高。还有许多高校认为，创新创业教育仅仅是为大学生提供实际创业的指导，认为大学生没有具备创业主客观条件的先决条件。一些人认为创新创业教育似乎只是教导学生如何成立公司、担任老板、如何获取盈利，而另一些人则认为大学生自主创业的比例很低，并且这项教育似乎只在学生毕业后有用，因此开展此类教育似乎缺乏实质性意义。这种对于创新创业教育的理解是浅薄的，导致创业活动忽视了社会责任及创造有价值事业的重要性，而将目光狭窄地局限于实用性和赚取利润等方面。此外，有些大学把创新创业教育简单地看作传授创新创业知识和技能，而忽略了创新创业教育的核心宗旨和目标。实际上，创新创业教育的目的在于培养学生的创新意识、创业意识和素质方面，而非单纯地鼓励大学生毕业后立即跳入创业的浪潮中。

2. 探讨目前的创新创业教育新理念

高校教育不仅要为地方社会经济的发展提供服务，而且应该助推全国经济的发展。因此，我们需要探讨目前的创新创业教育新思路。支持大学生的创新和创业不仅可以促进当地社会经济的发展，而且可以帮助高校提高自身发展水平，同时也能够提高学生的个人综合素质。高校的教育定位与创新创业素质的教育活动是可以兼容并存的。高校应当立足于我国创新创业的实际情况，将培养创新创业型人才作为目标，推行创新创业教育。这样的教育应该在培养学生强烈的创新创业意识、积极的创新创业精神和卓越的创新创业能力方面有所体现。高校应采用分层培养的方式，旨在帮助学生在创业意识、创业人格、创业知识和创业技能方面做好基础工作。

随着国内经济持续快速发展，高新科技产业比重不断提高，预计未来将涌现更多涉及经济产业创业的高等教育课程和内容。因为高等教育在知识经济中扮演着重要角色，所以大学将会更注重培养学生的创业精神。大学生将面临多样化的就业途径和观念变革，同时在某些特定情况下难以就业，这将促使他们更重视创新创业教育。随着大学生拥有逐步理性的就业意识和毕业难度的加剧，多数大学生会选择参加创新创业教育或培训，从而为创造中国未来创新创业教育打下坚实的基础。

目前只有经济实力强、软硬件设施配备到位的综合性大学已经开展了较为完善的创新创业教育课程；而一般高校也只是为学生提供零散的创业支持课程和相关培训。在未来一段时间内，会有更多的高校提供全面完整的创新创业教育课程，进而改变目前的创新创业教育形势。经过创新创业课程的正式学习，高校学生数量将大幅度增加。特别是一些直接为经济生产提供服务的高等教育机构，比如高校等，它们将更加积极地与创新创业教育机构进行合作，发挥其与企业领域联系紧密的优势，成为进行创新创业教育的重要组成部分。

随着高校对创新创业教育作用的认知不断加深，高校在创业教育课程方面将更加重视课程质量，除了提供正式课程外，还将注重提供创业实践机会和培养创业能力。现今信息技术蓬勃发展并得到普及，因此考虑将利用在线教育拓展创新创业教育作为一项重要议程，这种教育模式将学习与互动相融合，跨越地域与时间限制，给予学生更多的自主学习与安排的机会，培养他们在创新创业教育方面的新理念。以此方式开展的创新创业教育将会带来更加有效的教学效果。高校应将创新创业的本质理念融入整个教学实践中，构建有普适性、专业性和多元性的人才培养模式；把培养创新创业意识放在首要地位；把创新创业实践活动作为推动力；把培养创新创业能力作为重点目标；将创新创业意识、能力、素质等方面融入人才培养系统中；整合资源、加强创业指导、完善创业保障、提供创业扶持，以促进学生全面发展和发挥学生个性潜能。高校应以改变教育理念、革新教学观念为主旨，推进创新创业教育在高校的发展。

（二）教育载体的创新

要想进行创新创业教育，教育载体是必不可少的。教育载体的质量和结构对于创新创业教育的成效起决定性作用。因此，合理配置科学的创新创业教育载体，是实现创新创业教育目标的必要条件。

1. 传统教育模式的载体

创新创业教育是一个复杂工程，它的复杂性不仅表现在多种元素的结合上，也表现在教育目标的高度上。在实施教育过程中，必须充分考虑教育方法、基本能力和特殊能力的转换，还要注意教育的普适性和特殊性问题，以确保教育的理论与实践相结合。鉴于我国高校人才培养的最终目标、师资和经济现状，我国建造了多种形式的载体来实现创新创业教育，在部分程度上改善了创新创业教育缺乏实现途径的不足。

总的来说，各种形式的创新和创业教育都有一个共同价值目标，那就是培养人们的创新精神，提高他们的创新意识和创业能力，从而为服务社会作出贡献。首先，高校的创新创业机构建设是非常必要的，因为它提供了重要的基础设施，包括就业指导中心、创业园区、孵化基地等设施。这些设施是进行创新创业教育所必需的，因为它们能够提供必要的物质条件，保障创新创业教育的顺利开展。其次，就软件设置而言，创新创业教育课程是创新创业教育的中心组成部分，课程体系的完善程度将直接影响创新创业教育的成效。同时，创新创业教育的实质在于师资队伍和教育氛围，它们是创新创业教育的核心和灵魂，直接影响着创新创业教育的方向和发展程度。最后，创新创业教育的有效实现需要借助实践，而实践载体如"挑战杯"、创业设计大赛等，则为验证创新创业教育的可行性提供了最直观的方式。

总的来说，尽管我国高校在研究创新创业教育载体方面已经取得了明显的成绩和进步，但我们也需要关注其存在的问题和缺陷：高校的创新创业教育体系过于单一和零散，很多学校只是单纯地开设一些相关课程或参与一些简单的实践活动。需要加强创新创业教育载体的结构合理性和功能互补性。为了培养创新精神和提高创业能力，创新创业教育应该建立多样化的支持平台。在这个过程中，需要遵循教育教学的规律，注重对能力的培养。同时，应该立足于创新创业教育的目标，确保这些平台都能够提供丰富的层次体验。

2. "互联网+"背景下创新创业教育利用的新载体

在"互联网+"时代，创新创业教育采用了新的教育形式，通过在线教育等新载体来进行创新创业教育。这种创新创业教育的方式是在传统教育形式的基础上进行创新的。

通过对近年来关于在线教育期刊文献的回顾，在线教育已经成为现在教育发展的新动力，在线教育平台也在逐渐引起关注，这是逐步认识发展的过程，是现代教育不容忽视的力量，也是进行创新创业教育不可或缺的载体。

（三）教育内容的创新

创新创业教育是素质教育和专业教育的重要组成部分，旨在培养学生的创新创业精神、创新创业意识和创新创业能力，让学生掌握开展创新活动和创办企业的基本技能。以往的创新创业教育内容，起着从无到有，在一定程度上指导着创新创业开展的作用。随着时代的发展和社会的需要，创新创业教育已经暴露出不少问题。这就需要高校从创新的角度出发，创新其教育内容，根据高校学科专业的特点，结合专业构建科学合理的课程体系，结合区域经济、地方经济的特点，将创新创业成功案例及时充实到教学内容中去，聘请成功的企业家做兼职教师，用他们创业的鲜活经历经验丰富创新创业教学内容。同时介入在线教育，通过互联网大范围、多角度、分层次、针对性地支撑和完善创新创业教育的内容，把培养学生创新创业意识、创新创业精神和创新创业能力作为素质教育的时代基点，作为专业教育的重要内容。构建开放性的知识框架，打造满足创新创业人才培养的新体系，从而促进创新创业教育教学质量和人才培养质量的提高。

1. 区别一般的理论重复研究

我国在1999年由团中央、中国科协、全国学联举办的全国首届挑战杯大学生创业设计竞赛，标志着创新创业教育的理念开始进入我国的高等院校。随着党和国家的高度重视，我国对创新创业教育的研究也得以迅速发展，并取得了显著成绩。但是也仍存有问题，其中突出的问题就是理论研究重复、与实践应用相脱节、不能满足现实需求。

大学生课程较多，教师不可能完全按照正常的课时来讲授创新创业相关的知识，若是依照以往的研究，只能提供按部就班的教育指导。而在线教育这一新的补充性教育研究方式，可以从对象、目标着手，把课程设置细化，将线上、线下有机结合，使课堂讲授与课外自主学习相互配合，并在分层、分类、因材施教理念指导下，以翻转课堂的形式来探讨创新创业教育的有效性。

由于在线的方式在一定程度上可以忽略时间与空间对教育带来的限制，在互联网基本普及的今天，学生如何能通过在线的方式去学习创新创业教育的相关知识，以及在线教育可以带来怎样的效果，应该是高校区别于以往单纯注重理论研究的重点和方向。概括来讲，对象的差异性，决定了高校要分层来考虑受教者。首先，研究的是在普遍意义上要涵盖所有的学生，也就是进行普适性教授，而这一层面的目标也就是要培养其创新创业意识、创新创业能力。其次，是进一步关注对创新创业感兴趣、有一定创业意向的学生，其目标也就是要提升这一类大学生的创新创业能力和意愿。最后，是针对那些具备创新创业知识、有着强烈的创业意向的大学生进行特别培养，而这时的目标是成功地培养出合格的创业者。当然，其中也少不了专业知识的培训。

在此基础之上，高校对课程的设置也要区别以往的形式，需要分层组建模块。而线上、线下的不同时段，所需要传授的或是学习的知识也不同。简单地说，线上可以讲授关于创新创业过程中有关公司的构建、报表的形式、项目的合理安排等；线下则可以针对创新创业过程中可能出现的有关情感、经验等问题进行探讨，做到有机结合。再就是"翻转课堂"，以一种逆向授课方式把课堂与课外合理地结合起来，在提高学生自主学习能力的同时，也极大地提升了教师讲授问题的兴趣，可以很好地提高创新创业教育的有效性。

通过对现实问题的思考，分层施教、因材施教已经成为当今教学领域的重要组成部分。如何能够推陈出新，找寻到更有效的教育方式也是应当被探讨的，在结合实际的情况下，利用在线教育来促使创新创业教育更加有效，显然是具有可行性的。

2. 通过在线模块化组合开展大学生创新创业教育

在我国，受到在线教育学习影响的人有很多。为了说明这一情况，一些学者指出，中国在线教育经历了三个发展阶段：第一个阶段是 1950 年到 1978 年出现的相应模式，主要是专业大学或师范大学函授教育；第二个阶段是从 1978 年到 1998 年，同许多国家一样，通过创建中央广播电视大学，我国发展了基于无线电广播和电视的电大教育；第三个阶段是从 1999 年到现在，主要是数字化学习。如果把在大学攻读各个层次学位的学生和那些想要获得各种证书因此参加特殊培训的学生加在一起的话，我国的数字化学习者可能要超过 1000 万。[1] 随着互联网的发展，我国在线教育学习的热情高涨，而且在未来 10 年间，这种势头将得以持续。在线教育为我国学习者提供了灵活的学习方式，特别是对于那些非传统学习者和终身学习者来说。通过分类分层、在线模块化组合等因材施教的、有针对性的在线课程设置，来探讨创新创业教育的实施过程，大致分为二层三维四模块。

---

[1] 赵翠玲，胡坤，张大权. 新媒体环境下创新创业教育研究 [M]. 北京：北京工业大学出版社，2018.

(1)在线课程设置中培养层次划分

①意识层面

大学生在创新创业教育中意识层面的能力培养,即创新创业认识能力的培养,是大学生创新创业所需的动机、意向、精神等主观要素培养的总括,它包括:第一,内在驱动力培养,指创新创业开展的直接动力,由创新观念、创业精神、创新创业思维、遵纪守法的意识等构成;第二,洞察力培养,指认知创业机会、把握创业条件的必要条件,由收集、分析、处理信息、感知、发现、识别商机构成;第三,科学分析能力培养,指深入调研之后,再从整体上分析与创新创业相关的要素,由宏观环境分析、市场需求分析、产品定位分析等构成;第四,客观自我评价培养,指一个人对自己能力、素质、水平高低优劣程度的评判,合理客观的自我评价对创新创业有着巨大影响,其由对自己性格、知识、能力的评价,分辨、平衡自己和他人的创新点、商业风险的警觉性等构成。

②实践层面

大学生在实践层面的培养,就是培养自己创新创业的操作能力,是将创新创业的动机、意愿等主观要素与人力、财力等客观条件充分结合起来的能力培养。它包括:第一,决断力培养,指大学生在创新创业过程中根据客观情况作出正确的判断和科学的决策能力培养,由制定战略、创新产品研发、处理和配置关键资源、适应创新创业角色转变等构成;第二,执行力培养,指大学生在创新创业中贯彻战略意图、完成预定目标的操作能力培养,由领导力、贯彻力、推动力、监督力等构成;第三,公关力培养,指创业者在创新创业过程中因创业需要与相关部门、组织、消费者等沟通、维持关系能力的培养,由人际关系处理、商务谈判、合作互动等构成;第四,应变力培养,指大学生在创新创业过程中不可能一帆风顺,在企业受挫或是面临危机时,创业者需要有超强的心理素质以应对危机的能力,它由变通力、否定力、抗风险能力、坚定力等构成。

(2)在线课程设置中培养维度划分

①普适类

对于大学生来说,不是每个人都会选择创新创业,这也就决定了创新创业教育不是对每个学生都能起到应有的作用。但是由于时代的需要,创新创业教育是不可或缺的一门课程,具有普适类的知识内容,是要让全体大学生都能对创新创业教育有个最基础的、普遍的了解。这也要求在线课程设置中此类创新创业教育知识应浅显易懂，要以增强学生创新创业意识、创新创业精神为主要目标。

②意愿类

在普适类的基础之上，有部分大学生有一定创新创业的愿望，这就需要在课程设置上有所区别。给这部分学生传授的创新创业教育的知识要比第一类更深一些、专业一些，旨在对这部分大学生创新创业素质、创新创业意愿进行培养。

③强烈类

强烈类在线课程针对的是那些已经具备一定的创新创业知识，或是已经在试着进行创新创业的大学生。这就要求课程设置更加具有专业性和针对性，知识要点要涉及创新创业过程中有关公司设立、团组配合、财务管理、市场分析等，使此类大学生能受到更专业的训练，能将理论知识应用到实践中去。

（3）在线课程设置中模块组合

①文化基础知识模块

文化基础知识模块也被称为"通识课程"，其构成是关于创新创业教育最基础的知识，可以使大学生学习了解到创新创业教育的国内外动态、发展走向、教学目标等内容，为大学生勾勒一个最初的创新创业印象，为大学生讲授最基础的学科知识点。可以设置"大学生创业基础"为线下教育形式的必修课程，采用32学时计2学分的形式，其中理论课程教学设置16学时，主要通过课堂讲授的方式，让大学生了解和掌握创新创业认知、创业者的素质和能力、创业团队的组建和管理等基本知识，目标是使大学生对创业活动有正确的认知和理解。

②创新思维训练类模块

可设置"创新思维训练""创造学原理"两门线上教育的通选课程，采用"翻转课堂"的形式组织教学活动。

③综合融入类模块

将创新精神的培养、创新思维的训练、创业意识的树立等创新创业教育内容融入和渗透到大学新生入学教育、专业导论课、职业生涯规划课和相关专业课程的教育教学活动中。

④实践操作模块

实践操作模块主要是指把创新创业教育所学到的理论知识付诸实践，涉及创新创业环境分析、成功案例分析、团队管理、企划书书写、企业融资、企业设立与管理等。其不但包括活动、模拟类的实践(例如可以设置实践活动课程16学时,主要开展成功创业人士访谈、创业团队访谈等实践活动,让学生亲身感知创业活动),更强调在现实中的实践,包括到企业挂职锻炼、积累经营管理企业的经验;让有发展前景的创新企业进入创新创业孵化基地,让大学生创新创业者在小范围、小环境内运作;在社会上进行创新创业实践,创办公司或企业。

一般说来,大学生课程较多,不可能完全地学习完整的创新创业教育课程,因而通过在线模块化来进行有针对性、开放性的在线教育是完全有必要的。它突破了学时的局限性,使优质教学资源得以共享,线上可以自主地学习创新创业知识,增强了学生的主动性和学习的乐趣。而在线模式又可以很好地补充和完善课堂教学,线下可以和专家、教师、同学探讨创新创业过程中遇到的情感问题、经验教训等。同时,也提倡在线教育引入"翻转课堂"这一新兴起的教学模式。它由传统的"由教到学"转变为"由学到教",流程为学生在线首先进行自主学习,发现问题后再于教室里互相交流或者向教师质疑问题,然后得到答案。这种问题导向型的方式利于学生更好地获得创新创业知识,更能提升学生的学习自主性、积极性和趣味性。

在以上在线模块化组合、分层分类搭配等创新方式方法的配合下,创新创业教育的开展会更具针对性、条理性和系统性,因而也将会更有效。

第二节 "互联网+"背景下学生创新创业能力培养

随着科技的蓬勃发展,越来越多的新型信息技术如云计算、移动互联网、物联网和大数据等层出不穷,并且这些技术的突破和创新应用推动着新兴产业的快速发展。由于信息技术与传统产业相互渗透,传统产业正在改善和提升,这种变化为人类的生产和生活方式带来了全新转变。高等职业教育需适应新的经济形势和社会发展变化,以抓住机遇和应对挑战。实现这一目标需要我们持续地探索新的发展思路,建立全新的发展模式,并积极寻找创新性的发展路径。高校相关领导及教师群体要充分发挥互联网的作用,将其与高等职业教育融为一体,以全面提升高校学生的创新创业教育水平。为了促进高校学生的就业,高校需要建立完备的高校创新创业教育系统。

一、高校学生创新创业意识的培养

"互联网+"深刻改变了人们的生活状态。在"互联网+"时代,高校的任务是使得所培养出来的学生秉持创意理念、紧随时代发展、具有微创新及多学科融合理念,在"大众创业,万众创新"的时代背景下把握创业发展机会,在实现自身价值的同时为社会发展作出贡献。

(一)"互联网+"背景与高校学生创新创业意识培养的关联

所谓"互联网+",由创新2.0的互联网发展而来,能够为云计算产业、物联网产业、大数据产业提供很多发展新机遇。高校要站在足够理性、足够科学的立场上,去分析"互联网+"的发展态势,并依托信息技术,构建出针对高校学生的创业教育模式。当高校学生长期接触网络形成了互联网思维后,他们会主动地将"互联网+"与创业意识有机结合为一个整体。

创新创业意识与"互联网+"的关联具体体现在以下几方面。首先,高校大学生是使用互联网的庞大用户群体,几乎所有大学生都拥有手机,而且智能手机已经成为一种常见的设备。随着4G技术的大规模应用,互联网已经成为高校学生生活不可或缺的组成部分,已经渗透到他们的学习和日常生活中。高校学生可以利用互联网获取知识、解决难题并且通过网络了解时事政治和财经新闻,以及扩展社交圈的渠道。其次,"互联网+"能够为高校学生提供更为灵活的创新创业环境,使他们能够拥有更多自主选择和独立发展的机会。在当今这个时代,互联网正在塑造一种全新的工作方式。在新书《Google模式》中,Google的执行董事长埃里克·施密特(Eric Emerson Schmidt)提到,21世纪最受欢迎的人是那些可以灵活创新的人。这个人群充满活力和冒险精神,具备出色的表达能力和浓厚的好奇心。他们不局限于某个职位或领域,愿意尝试多种可能性。在生产新产品的过程中,他们能够巧妙地融合已有的知识和技能,从不同渠道获取收益。高校可以从该书中学到很多关于如何培养学生创新创业意识的有益启示。

(二)"互联网+"背景对高校学生创新创业意识培养的启示

1. 启示培养高校学生要有无限创意的理念

在如今的"互联网+"时代,新技术和就业市场虽然密不可分,但也存在着一些相互抵触又互相协调的问题。其一，新技术正大幅度地改变着传统行业、职业和业务的面貌；其二，随着新技术的出现，许多新产品和服务得以推出，进一步推动了各行各业的发展，也为社会带来了新的就业机会和业务领域。高等院校在人才培养方面面临全新的挑战，需要进行一定的改善和升级。

经过不断尝试和实践，以及推出相应的、具有针对性的创新活动，能够满足广大高校学生的实际需求，并为他们今后从事创新工作打下坚实的基础。此外，唯有将大学生们的创意理念和成果应用于社会实践以及人们的日常生活中，方能真正体现它们的实用价值。一旦高校毕业生离校，就必须直面就业的挑战。其中一种高效的就业方式就是将自己在学校所获得的创新成果转化为社会财富，这种财富涉及物质方面和精神方面。这样，高校学生既实现了自己的就业梦想，也报效了国家。高校学生的创新能力在以后的创业过程中必将彰显出来。

2. 启示培养高校学生要紧跟时代步伐

互联网两端群体之间保持着互相连接、互相协作的关系，在没有边界的情况下，众包、众筹这两种极具代表性的互联网思维，是平台思维在互联网上的延续产物。

高校学生在创业过程中经常出现的一个普遍问题是缺乏创新意识。虽然看起来他们的理论知识非常深厚，但实际上很多理论并不能直接被应用到创业过程中。高校要改善这种状况，可以从以下几个方面入手。首先，应该促进大学生参加社会实践活动的热情，鼓励大学生深入了解社会现状，以促使学生思考创新，挖掘其实践能力，鼓励他们将学校教育与社会需求结合起来，最终激发其潜在的创业热情；其次，高校可以利用现有的资源，设计各种富有创新思维和创业精神的活动和比赛，并着重考量实际效果；同时，高校也应注重对学生创意的发掘和激发。

3. 启示培养高校学生要有微创新理念

通过互联网企业和用户的深度融合，企业能够实时掌握用户的微小变化，及时调整产品、销售和服务状况，快速响应消费者需求，从而不断巩固和提高用户群体的黏性。目前，高等教育机构的学生在创新意识方面存在不足之处，对于开展创新创业教育的理解尚显肤浅，因此高校需要按照以下几点建议进行改进。

（1）宣传典型。高校应该利用网络渠道向学生宣传创业教育的重要性，例如，透过校园网、官方微博、校报以及广播等方式，让更多的学生了解创业教育的价值所在。另外，高校应该把创业文化纳入教学课程中，并积极倡导学生使用网络教育资源，从而提升学生对创业的意识和能力。高校可以举办互联网创新论坛，以振奋学生的创新热情，并进一步推广与创业相关的理念。另外，高校要设立在网络资源利用、创业能力和创业意识等方面比较优秀的榜样人物，营造有利于创业教育交流的平台，让大学生们分享自己的创业经验，启发他们的灵感，以创造出支持、尊重和认可创业的氛围，进而大力宣扬相关典型人物的事迹。

（2）培养学生的创新发展意识。高校应帮助学生进行职业定位，树立多元化就业观，寻找新的社会立足点，激发学生的创业热情，并激发大学生的创新思维，使其从多个角度进行思考，引导学生不仅仅将热门行业或一线城市当作全部目标；鼓励学生在关注新兴行业的同时，积极探索二、三线城市的创业机会，以小微企业创业为切入点进行创新，从而使创业成功率得以提升。

4. 启示培养学生创新创业意识要有多学科融合的理念

目前，高校在创新创业教育、学科教学以及专业教育等方面的协同性不足，各学科之间缺乏交融。例如，经济学、管理学、营销学、社会学等多个学科之间的知识没有得到有效整合，这可能会影响创业教育的实际效果。跨学科整合的目标是有机地将各个学科结合起来，而不是简单地将它们混在一起。这种整合应该是融合学科间的特点和优势，从而形成新的综合性知识体系。高校要创建一个多层次的创业教育体系，鼓励不同领域开展合作，以推动各方面的交流和融合，从而为创业者提供充足的支持和坚实的基础。

（三）"互联网+"背景培养学生创新创业意识应注意的问题

1. 互联网思维中的逐利性

互联网产业的最终目标在于实现盈利，这是由其逐利性所决定的。高校应当增强高校学生的职业生涯规划意识和能力，进而提升其就业率，从而为社会经济发展提供人才保障。教育的目标并非在于追求个人利益，而是奉献和责任。因此，在借鉴互联网思维过程中，一定要慎重把握其中的逐利性。

2. 互联网思维中的颠覆性

互联网思维是在承袭传统商业模式精华的基础上进行深刻反思与革新的产物，它能够推动商业方式的创新与升级。同样地，对高校学生创新创业的意识培养也是在传承和弘扬传统基础上进行的，以确保他们更适应时代发展的需要。如果不对传统商业模式进行彻底的重构,而是继续按部就班地走下去,那么高校学生的创新和创业意识就无法得到有效的培养。

二、高校学生创新创业素质的养成

目前我国对高校学生的创新创业素质养成非常重视。根据"十三五"规划内容,高等教育、职业教育以及信息化的互联网等关键领域都被重点关注。随着"互联网+"新形态的兴起,高校如何培养出具备更高创新创业素养、符合时代需求的大学生,已成为亟待解决的问题。

(一)"互联网+"背景下创新创业素质养成的理论与实践意义

作为对知识经济时代的回应,创新创业教育已成为一种新兴的教育理念和方法,它所包含的内在意义和外在表现形式极其丰富。尽管我国已经颁布了许多旨在促进高校学生创新创业的教育政策,但是在具体实践过程中,仍有许多需要改进的地方,特别是对高校学生的特点缺乏全面研究,这就阻碍了构成一套完善的创新创业素质教育体系。

随着"互联网+"时代的到来,高校学生自主创业的条件越来越丰富。因而,以"互联网+"视角来看,采用一种全面的高校创新创业素养培养方式,可以提高高校学生素质教育水平。创建一个标准化的高校创新创业教育系统,对于推动高校创新创业活动至关重要。随着"互联网+"时代的来临,高等教育需要特别注重培养学生的创新创业能力。这不仅是现代职业教育体系的重要部分,也是高等教育培养优秀人才不可或缺的元素之一。

在当今社会经济发展的紧迫需求下,大学生应积极适应"互联网+"时代的发展,提升自身创新创业的素质。高校要以培养学生的创新意识和创业精神为基础,充分发挥学生的自主性,提高创新能力在学生综合素质中的核心地位,从而有效提高高校创新创业教育的针对性和实效性。

此外,高校需要将培养学生的创新创业素养融入高校的日常管理和教学中,以此激发学生参与创新创业活动的主动性,以及营造创业气息浓厚的氛围,从而更加有效地促进教育工作的发展。高校要利用"互联网+"新模式积极参与创新创业浪潮,从而推动创新型国家的建设,给整个社会创造更多的财富、增加更多的就业机会，从而缓解当前紧张的就业局势。此外，在培养学生的同时，高校要借助学术界对高校人才培养机制改革的重视，加强学生的技能训练，提高学生的素质和促进学生思维方式的改变，这是教育改革的本质目标。

（二）"互联网+"背景下创新创业素质养成的方法

在当今社会，高校要把"互联网+"理念和创新创业教育融入学生的日常管理、校园文化、课程以及实训基地等各个层面，全面培养学生的创新创业素质，让他们在生活、学习和课余活动中积累创新和创业的经验，以全面提升创新创业素质。

1. 在日常管理工作中渗透培养学生创新创业素质

高校可以通过组织班级活动等形式，促进学生对网络信息的掌握和启发学生的创新思维，同时激发他们对当下热门话题的积极兴趣，鼓励他们策划出独具创意的班级活动。这种方法能够提高学生的自主能力，帮助他们有效地搜索、搜集、评估和整理互联网上的信息资源，从而提高他们识别网络信息的能力。这样一来，他们能够掌握与互联网相关的商业机遇，并在创业中有所建树。

高校也可以通过采用"基层管理"，也就是"草根管理"的方式，在活动中鼓励学生扮演设计者和执行者的角色。这种方式可以让他们能够更加有条理地策划和组织活动，增强他们的管理能力，以便让他们可以更好地应对意外情况。此外，在日常的学生规范管理中，要积极培养学生合作交流的能力，鼓励他们互相合作、交流和进行思想碰撞，以获得启示和指引，并深化他们对合作交流的重要性认识，进而使用更为有效的共享资源。

2. 充分发挥大学生社团组织的作用

为了建立符合互联网时代的校园创新创业文化，高校必须充分发掘大学生社团的潜力，开拓新的机遇，并为学生创新创业提供教育和支持。通过举办校园文化活动和竞赛，高校可以为学生提供机会，让他们在"互联网+"领域探究创新和创业的能力；也要为大学生提供众多实践机遇，包括参与互联网创业比赛、参展校外科技展览及聆听各种创业讲座。此外，高校还可以充分利用微信、微博等网络平台，向学生宣传这些活动。这样一来，不仅可以开阔学生的视野，还能唤起他们的创新热情。高校要将创新创业教育的目标、任务、内容和要求融入学生社团组织和活动中,创造以创新创业为核心的校园文化,从而使广大学生具备良好的创新创业意识。

3. 依托专业实训基地,指导学生组建互联网创业工作室

根据相关数据显示,在当今时代,绝大部分大学生对创业的尝试均以失败告终,其主要原因是学生对于创业活动的理念和操作技巧还不够成熟,由于缺乏经验和思维固化,他们很容易在面对各种艰难险阻时略显乏力。此外,学生很难负担传统创业所需的高成本,也难以承受来自竞争的压力,更何况他们还要应对创业风险带来的巨大挑战。这一系列复杂的因素降低了学生创业的成功率,并且削弱了他们从事创业的积极性。

所以,利用专业实践基地,高校能够为学生提供特殊的实践机会,以帮助他们在创新创业方面开拓思路和提升能力,高校也可以支持学生创建校内的创业工作室,同时为他们提供专业导师的帮助,激励他们敢于发现创业机会,并将其转化为具有可行性的创业策略。此外,高校应鼓励大学生将"互联网+"理念运用到校园创新和创业领域中,使得新思维在"互联网+"时代得到更广泛的推广。考虑到大学生在"互联网+"时代进行创业的成本较低、风险较小,高校要鼓励大学生积极探索新的创业模式。

总而言之,在"互联网+"时代的大背景下,高校在开展创新创业教育时,不仅需要教授创业技能,还需要将"互联网+"的创业理念渗透到学生日常管理和学习中去。这些能力和品质不仅对于学生追求自主创业至关重要,而且对于成功将学生培养成为社会创新型人才这一重任而言,也是不可或缺的。

三、高校学生创新创业能力的提升

(一)"互联网+"与行业要素融合,塑造双创新理念

在"互联网+"时代,我国高校需要重视培养具备创新创业意识、精神和能力的人才,这也从侧面反映出我国高校面临着越来越高的期待和要求。为实现双创目标,高校需要营造良好的双创氛围,并培养学生的双创理念。高校学生在双创方面具备突出的技能,特别是在将互联网和行业要素相结合方面表现出色,是他们具备创新性双创理念的重要前提。在"互联网+"时代推动我国双创教育的

发展，可以采用多种措施。比如可以运用宣传海报宣传和推广双创理念，还可以建立校企合作渠道等。我们需要鼓励不同领域之间的合作创新，同时向大学生宣传创新创业的理念，让他们认识到创新创业的价值。这将帮助他们在学习中培养互联网思维，并改变过时的就业和创业观念，从而摆脱传统思维模式的束缚。这将有利于培养符合"互联网+"时代要求的双创专业人才，进而有效推动我国社会的创新发展。

（二）线上线下多元融合，提高双创拓展能力

随着"互联网+"时代的到来，我们可以充分利用网络技术，将线上和线下的资源进行融合，创造一种多元化的双创教育方式。这将有助于进一步优化创业教育的课程和体系，为学生提供更丰富的学习体验。高校教育改革注重对传统教学方式和课程内容的改进，应引入更富有创造力和互动性的教学模式，以激发学生的学习兴趣并推动创新创业教育的发展。此外，高校还需要夯实学生的双创理论和实践能力基础，引导他们进入双创领域。借助互联网进行多媒体信息化教学，有助于推广创新创业教育，也可以为线下授课提供有益的辅助，同时也能最大限度地利用互联网的优势，为国内高校打造一种高效的创新创业教育平台。此外，利用互联网开展线上线下多元融合的信息化教学，还能增加大学生对于课堂教学以及实践项目的交互式反馈，从而全面提高学生的积极性和主动性。

（三）创新创业理论与实践融合，提升理论应用能力

通过实践来验证理论学习的有效性是至关重要的。高校应当设立一些特色鲜明的实训场所和创业孵化园区，与企业开展更紧密的协作，为学生创业提供必要的前提条件。除了开设专门的理论课程之外，组织与加强专业理论和技能学习相关的双创实践活动，也是提高学生双创能力的必要措施。高校实现此目标的另一种方法是举办各种创业技能比赛，并采用综合评估的方式，评估学生的专业知识和技能水平。此外，高校也可以定期举行大学双创比赛或在创客空间和创业社团等平台上开展活动，以扩大年轻人的创新创业思维。采用多样化的比赛形式，能够有效激发大学生的创新思维和创业热情，帮助他们开阔创新视野，使他们积极参与到与创新创业有关的比赛与实践活动中去，同时也可以帮助大学生更好地应用他们所学的专业知识和技能，提升其对理论进行应用的实践能力。

四、高校学生创新创业团队的建设

随着"互联网+"时代的来临,创业者可以享受到更加宽广的发展空间和更多的商业机会,但是,他们也需要面对更加激烈的市场竞争和更加艰巨的挑战。因此,如何建设一支优秀的学生创新创业团队,成为高校师生迫切需要解决的关键问题。

(一)"互联网+"背景下学生创新创业团队特征

"互联网+"是以利用现有的计算机、通信技术为基础,不断创新和发展出新技术、新产品,以促进互联网与各行各业的有机融合,从而创新商业模式、升级产业水平,并创造一个万物互联的全新生态系统。随着时代的变迁,我们已经步入了"互联网+"时代,这就意味着越来越多的人开始利用互联网基础设施进行创新和创业。大学生作为年轻一代,对新事物和技术往往保持开放心态,敢于尝试并超越自我限制。因此,"互联网+"给大学生提供了全新的舞台和机遇,使高校学子在创新创业方面得到了更多支持。随着"互联网+"时代的到来,高校学生在创业领域表现出了无可替代的优势。他们充满热情、年轻有活力,这使得他们在创业路上具有独特的竞争力。然而,他们仍然有一些缺点,例如,缺乏实践经验,以及在面对压力时具有相对较弱的承受能力。本书认为,由新生代大学生组成的创新创业团队具备以下几方面的特征。

1. 高校学生创业团队成员创业激情高

高校学生创业团队的成员们不仅仅是为了谋求经济来源而投身于创业之中,而是他们胸怀大志,希望通过创业实现人生理想,展现自身的价值,因此,这些成员对于创业都充满激情。另外,大学生群体天生好奇心强、勇于尝试、善于创新创造。他们追求创新,勇于涉足未知领域,这种勇攀高峰的精神不仅是创业激情的原动力之一,也能够不断推动团队的创新发展。他们更加热情和更有动力,与其他团队相比,高校学生的创新创业团队更加积极主动。然而,这种创业热情的持久性往往较短。如果长时间内未能实现显著进展,团队成员可能会变得沮丧,甚至失去信心,这是现实中的常态。

2. 高校学生创业团队支持力度大

高校学生创业可同时获得国家和地方的积极倡导和支持,国家已经出台了相关利好政策，并实行了相应实际措施，在税收优惠方面提供了有力支持，从而降低了创业风险。此外，多数高等院校还在内部设有相关设施建设，例如，创新中心和孵化园等，这些资源能够为学生的创业团队提供办公场地、技术支持和财务支援等，帮助缩减其创业开支。除此之外，现在越来越多的大学生家长拥有开明的心态，积极为孩子创业提供支持，有些家长还提供实际层面的帮助。

3. 高校学生创业团队人力资源成本低

相较于其他创业团队，高校创业团队的优势在于其成员来自不同领域，他们可以整合多种人才资源，且成本更为经济实惠。此外，就创业团队的创建而言，跨领域的专业人才更具有协作和沟通能力。高校创业团队的成员拥有各自独特的专业技能和丰富经验，这些技能与经验能够互相补充和互相支持，可以使团队整体能够在竞争中获得优势。因为他们有着相同的创业理念，所以他们才聚集在一起。在一个团队中，每个人都有自己的专业知识和技能，因此团队可以将不同的任务分配给合适的角色，从而发挥出最佳的协同效果。很明显，相比于在校外创建创业团队，在校内组建创业团队所需的人力、物力成本要更低。

4. 高校学生创业团队抗压能力差

由于缺乏工作经验和生活历练，高校学生创业团队在创业过程中可能会遭遇挫折。此外，他们通常对创业抱有极高的期望，而他们的心理承受能力则相对较差。总的来说，这些因素会降低团队的应变能力。创业之路充满艰辛，其实际情况比很多大学生所想象的更具挑战性；创业成功的团队非常稀有，很少有人能够在短时间内获得回报。创业所需的能力涵盖多方面，包括但不限于整体规划、技术实现、市场推广以及行业管理等。要精通这些技能，需要长时间的实践和经验积累。因此，刚刚毕业的学生要实现这些要求，所面临的挑战十分巨大，很可能遭遇挫折与失败，并且高校学生在面对挫折时的情绪应对能力和心理素质相对欠缺，这意味着他们往往容易失去信心、毅力，甚至放弃原本的创业计划。

（二）"互联网+"背景下学生创新创业团队建设新要求

1. "互联网+"时代需要多元化的团队文化

随着互联网的广泛应用，创业公司和客户群体价值观的多样性变得越发明显，这是以前从未出现过的情况。借助互联网，人们能够轻松地获取丰富多彩的信息，这些信息深刻影响着人们的世界观和价值观。首先，团队成员因其文化背景和生活环境的多样性，在现实和虚拟世界中接收到的信息和任务有很大的差异。因而创业团队的价值观表现出的特点是多种多样的。在"互联网+"时代，创新创业团队应当具备包容多样价值观的能力，以吸引更多拥有不同背景和能力的人才加入团队，从而增强团队的创新能力。其次，随着互联网的普及，来自不同年龄、文化、地域和价值观的人们之间建立了联系，形成了一个互联网客户群体。每个客户群体都具有自己的独特认知和价值观，因此创业团队必须充分接纳多样性和差异性，以满足创业发展的要求。一言概之，为了在"互联网+"时代中不断发展，创新创业团队必须保证团队文化足够多元化，以满足各种不同的团队成员和客户群体的发展需求。

2. "互联网+"时代需要科学的团队结构

在现今的"互联网+"时代，创业的主流方向是通过互联网平台来实现商业化。相对于传统实体经济，这种模式更加方便、创新、智能化。然而，这种商业模式需要团队具备更高超的技术实力才能维持。因此，要建立学生创新创业团队，就需要设计一种科学的团队组织结构，这种结构要与现代经济的"互联网+"模式相契合。在"互联网+"时代，互联网已经成为商业活动中必不可少的、交流信息的空间工具。商业发展的关键在于如何分辨顾客的需求并有针对性地提供相关服务，尤其在大量信息不断涌现的情况下。为了做好创新创业，团队必须能够高效地发现、分析以及处理数据。拥有这种技能的人通常是团队中有相关领域技术背景的成员，因此需要构建一个更多涉及研发人员的团队，同时也需要保持良好的团队结构，并针对销售、管理和决策等人员及时进行优化配置，从而确保团队结构足够科学。

3. "互联网+"时代需要高效的运转机制

在互联网平台商业模式中，信息数量快速增长并且信息传播速度也很快。因此，要想创业成功，关键之一是能够快速准确地提取有用的信息并作出正确决策。在高校学生创新创业团队中，不同成员对市场信息的了解程度存在明显的差异，这种差异可能导致团队成员之间的沟通困难，难以达成一致意见，甚至可能会导致团队无法作出正确决策，进而直接影响到创业项目的成败。此外，为了适应网络订单量的上涨需求和随时交互的需求，高校学生创新创业团队需要建立一个信息共享平台,以提高决策的实施速度,从而减少运营成本。所以,创业团队需要构建起高效的运营机制来适应基于互联网的创业生态,以此优化沟通和运营成本。

(三)"互联网+"背景下高校创新创业团队建设

1. 提高团队成员的创新创业素质

(1)树立正确的团队理念

确立适当的团队价值观,其中涵盖团结一致、坦诚相待、眼光长远和专注于价值创造等方面。团队凝聚力指的是团队成员之间建立起的紧密联系,他们相互信任,视整个团队为一个整体,在面临成功与失败、承担风险和收益时相互扶持激励,共同努力达成共同的创业目标;确保诚信和正直意味着始终将客户和公司的利益放在首要位置,绝不会为了个人或部门的利益而牺牲公司或客户的利益;长远眼光是指团队成员以企业的长期发展和最终的资本回报为目标,而非个人的快速致富。为了增加公司的价值,团队成员必须致力于为各方利益相关者(如支持者、合作伙伴及客户)创造价值和利益,这样有助于团队实现承诺的价值创造,也有利于团队本身做大做强。

(2)提高创业技能

无论是在初创时期还是成长阶段,创业团队成员都需要持续学习,以不断提升自己的创业技能,其中包括个人的职业规划、创造力、自学能力、沟通、协同、解决问题、数据分析以及专业技能等。团队可以邀请一些在管理、技术和风险投资领域具有丰富经验的专家,为团队提供针对性强的技能培训讲座;也可以为创业者们邀请一些成功创业的前辈,为他们提供实际指导。另外,创业团队成员可以通过参加培训、阅读相关书籍和资料等多种途径,来学习和掌握更多的创业知识与创业技能。

(3)培养互联网思维方式

在"互联网+"与现实世界越来越融为一体的时代,创业者需要具备跨越线上和线下的思维方式,将传统产业与网络信息平台(如淘宝、微信等)相结合,以拓展销售渠道。此外,为了优化生产效率,创业者有必要应用物联网技术实现智能化管理。通过运用数据挖掘技术对海量数据进行深入分析,创业者可以获取行业发展趋势和市场信息,从而为公司在业务决策和技术更新方面作出明智决策提供支持。

2. 建立团结、包容、以人为本的团队文化

随着"互联网+"时代的到来，创业团队成员和顾客群体的价值观变得愈发多样化。创业团队成员期望工作氛围能够轻松愉快，并且能够实现自己的理想状态。创新创业团队需要建立以人为中心、团结包容的团队文化，增强团队的凝聚力，努力将共同的创业理想变为现实。

为了加强团队成员之间的交流和信息共享，可考虑使用在线聊天工具如微信、QQ等，或在企业内部专门设立信息共享平台。建立有效的沟通渠道，有助于团队成员间实现高效交流和协作，也有助于提升他们的工作效率和提高员工满意度，同时这也可以反映企业制度的完备性。

3. 基于高校创业团队的特点构建科学合理的团队结构

大多数高校学生创业团队都是由校内同学、朋友或志同道合的人组成的，这种团队建立在紧密关系基础上，因此成员之间默契度更高，相处更为融洽。然而，这种合作模式的缺陷在于它以人情关系为纽带，在分配股权和确定团队领导权等方面存在困难，在这方面的风险也相应较大。因而，团队成员需严谨划分各自的职责。

在"互联网+"时代，一个有效力的、科学合理的创新创业团队必须涵盖七个核心领域：市场营销、业务运营、战略规划、财务管理、产品研发、技术创新以及信息技术服务，创新创业团队需要针对这七个领域设立相应部门。销售产品的职责由营销部门承担；而战略部门则负责管理人力资源、行政、处理法律事务、公共关系以及制定公司策略等方面的工作；生产产品的职责归于产品部门；而研发部门则专注于探索新技术并开发新产品；信息部门的职责是搜集和分析信息，目的是提供有价值的信息，以协助企业进行决策制定。在"互联网+"的时代，创业团队必须增加技术和研发人员的数量，以便在科技化和合理化方面与竞争对手保持竞争力，这是团队取得成功的必要条件。团队的研发实力是在整个创业过程中最具有竞争力的关键因素。

4. 建立严格规范的团队管理制度

为了让创新创业团队有序运转，团队负责人需要采取严格规范的管理制度。在大学内部成立的创业团队，通常以共同的兴趣和职业目标为基础，其成员大多数都是学生。另外，每个团队成员都拥有独立的想法和观点，且常常倾向于享受自由和不受束缚的状态。缺乏制度规范会妨碍创业团队的生存，甚至可能导致企业无法正常发展、团队解散和创业失败。

在创立初期，创业团队需要考虑公司的性质和所处行业的标准，以便为公司的成长需求设计合适的管理体系。团队领导负责起草相关文档，然后让团队成员进行讨论并达成共识，最终将该文档视为公司必备的法律文件。相关文档一经接受，团队成员必须主动遵守相关制度，并秉承创业团队管理规范。此外，除了明确公司的性质、组织架构、会议规则和管理方式外，创业团队还需要详细规定团队成员的职责、任务分配、奖励和惩罚机制、绩效考核方式、薪酬待遇、权利和责任等方面需要遵守的制度。在运营过程中，创业团队可以针对不合理或待优化方面进行改进和调整，以更好地适应团队的成长需求。需要注意的是，在制定和修改相关的制度和条约时，创业团队领导必须严格遵守修改规则。

5. 充分利用社会资源提高运转效率

由于大学生创新创业团队的成员在知识背景和社会经验方面存在差异，不同大学生在项目决策方面往往会出现意见分歧。这种分歧可能会降低项目的运作效率并导致错误的决策。鉴于这个特点，可以创设一个信息交换平台，以实现分享信息的目标。此外，还可以充分利用最先进的技术装备对大量数据进行全面探索，从而为团队的决策提供有力支撑。应充分发挥社会资源的作用，以降低运营成本并提高决策的准确性，并且必须特别注意以下两点。

第一，采用多种政策措施，以推动生产力的发展。这些政策包括国家和地方实施的高等教育创业支持措施，以及中小企业策划发展资金的政策。这些措施涵盖多个方面，旨在降低创业成本、提升创业团队的能力、增强承担风险的能力等。当前，中央政府和地方政府都发布了不同程度的政策，以促进高校学生创业成功。因此，创新创业团队应该积极利用这些优惠条件，并争取政策方面的支持。

第二，高校与企业合作，打造孵化器平台，这有助于为大学生开展创新和创业提供服务，并有效推动其创业行动，缓解就业难题，进而为学生更多地开拓就业机会。此外，这还可以将创新成果转变为实际产品，使其与市场生产力有机结合。良好的创业环境可以为创业团队带来多方面的益处，如降低创业成本、增加人才资源等，有助于其发展壮大。

第三节 "互联网+"背景下学生创新创业教育模式创新

一、创新创业教育模式创新的意义

(一)有助于"新"业态下"新"人才素质培养

现今,许多高等教育机构培养出了大量出色的人才。随着时代的发展,各高校开始对人才进行争夺。尽管许多出色的学生正在进入就业市场,但市场的技术领域已基本饱和。随着人才培养模式的不断改进,招聘市场对大学生的要求已不再局限于传统学历水平,而是开始重视他们的创造和创新能力。这种趋势在不同地区都显现出不同程度的加强。因此,大学生们在市场激烈竞争中立于不败之地的前提,不仅是掌握优秀的理论知识,还要重视发掘自己的创新和创业潜力,特别更加注重培养自己的互联网知识和创新创业思维。这样做会显著提高大学生个人的综合能力。

(二)有助于高校综合能力的持久发展

社会主要的人才来源是高校。教育行业可以借助互联网时代这个难得的机遇,快速增强其自身的硬实力。目前,各行业都非常重视这个机会,各个高校应该更加关注这一点,以培养人才为己任。为了适应互联网时代的发展潮流,高校应当关注市场需求,将互联网技术应用到教学中,并举办多种创新培训和竞赛活动,以提高学生的思维素质和互联网知识水平,从而提升其综合素质。这样一来,高校就能够为社会培养更多的创业人才,同时这也能为学校的发展注入更多生机。

教育本质上是一项涉及文化领域的活动。高等教育在文化传承方面扮演着至关重要的角色,同时它与社会、政治、经济等诸多方面紧密相连,共同影响和塑造着文化。相比于其他领域,高等教育与文化之间的联结更加密不可分,具有深刻的内在联系。高等教育的价值在于其能够为社会文化传承的基本任务作出重要贡献,因此它必不可少;文化的核心在于能够持续不断地寻求创新,只有不断进步的文化才能够被长久地传承下去,即使经过时间的考验,这种文化依然能够熠熠生辉。高等教育不仅传递文化,还会教育学生对旧有的文化进行批判,以促进整个社会文化的发展和演进。高等教育的一项特殊功能是将批判性思维和创造性思维应用于文化领域。

当一个国家或地区的经济和社会发展到一定程度时，创新创业文化就会自然而然地出现并成为一种社会文化。高等教育所具备的独特优势，体现为能够促进社会创新创业文化的推进。许多知识渊博、才华出众的人汇集于大学，因此大学能够孕育、催生出巨量的最新科学、最前沿文化、最尖端技术。大学的责任也在于为社会文化的发展提供强有力的人才和知识方面的支持。大学的主要任务在于培养人才，而大学生是未来社会进步和发展的中坚力量。作为年轻、充满活力和具有创新精神的群体，大学生是推动社会创新和创业文化的重要推手，也是大学引领社会发展不可或缺的动力源泉。

（三）有助于引领社会经济社会发展

与美国相比，我国在科创领域的整体水平较差，在创新以及将"点子"转变为创业上落后于美国。根据相关数据，在美国自二战后的经济增长中，产业创新、技术创新占比75%。[①]采用创业创新教育模式，有利于拉近我国与美国之间的创新差距，能有效促进经济社会的发展。

二、"互联网+"背景下创新创业教育新模式

（一）"立体式"的创新创业教育新模式

"立体式"的创新创业教育新模式包含三方面内容：一是年级，二是学生，三是高校。"立体式"的创新创业教育新模式的入手点为：首先，阶段不同，学生在专业、成长等方面的特点不同；其次，层次不同，学生在专业、成长等方面的特点不同，可以通过因材施教，有效提升教育效果。

第一，根据不同年级特点开设不同的课程。同年级的学生通常具有相似的特质，包括思考方式和思维模式等。为了唤起低年级学生的信心和创业热情，高校可以创设一些基础性课程，比如"职业策划"和"创业基础"，并组织一些与创业有关的校外活动，比如"小发明"和"创意竞赛"。这些举措可以有效地促进

[①] 秦健. 河南加快经济发展方式转变的科技支撑研究 [J]. 郑州航空工业管理学院学报，2011，29（05）：18—22.

学生成长。针对中等年级，高校可以设计一些启发式课程。通过这些课程，学生们可以掌握创新和创业能力，同时该课程可以加强他们的社交能力和公关能力。这些课程种类涵盖广泛，包含营销、管理等多个领域，学生通过对这些课程进行学习，可以显著提升他们的创新思维水平和创新素养。对于年级较高、较为成熟的学生群体，高校可以引入与实践相关的课程，例如，就业指导和创业实践等，这些课程将会极大地鼓励并激发学生的实践热情。第二，根据每个学生的独特特点和需求，个性化地制定教学方案和方法。在"互联网+"时代，每个学生都拥有独具特色的个性和特点。因此，开展创新创业教育可以发掘学生的个性特质，从而提高他们的创新与创业能力。第三，根据高校特点来开设课程。我国当前的高校主要分为以下几种：一是研究型，二是综合型，三是应用型。同时，有重点高校和普通高校、理科类型与文科类型的区分。因此，根据高校的特点来进行课程开设的考虑，要选择最合适的教育方法，采用不同的创新创业教育模式，培养各方面能力较强的优秀人才。

(二)"三位一体式"的创新创业教育新模式

现今，"互联网+"时代所提倡的创新创业教育新方式，强调采用"三位一体式"教学方法。一方面，这一创新的教学方法不仅可帮助学生巩固基础知识，更可模拟公司建立及日常运营等步骤，从而唤起学生对于创新和创业的热忱。另一方面，高校教师采取这种教育方式，可以为高校学生提供积极参与社会实践和与企业密切合作的机会，并以此为基础，为他们的未来发展提供有力支持。

(三)"网络式"的创新创业教育新模式

在现代社会中，网络被广泛应用，创新创业教育界意识到"网络式"新模式的重要性，这一新模式能够减轻学生在创新创业方面遇到的资金短缺所带来的压力。目前，涉及创新创业教育的"网络式"教学模式主要有以下几种：第一类是网络购物，第二类是"威客"，第三类是网络写手。此外还有各种网络推广人员的不同分类。就网络购物而言，根据相关研究和调查，多种教育新模式可以被应用其中，包括但不限于自营网店、淘宝在线客服服务、网络模特、购物网站上的砍价员、淘宝平台的设计师、淘客等。学生们可以自信地探索创新创业项目，无须忧虑高昂成本所带来的负担和债务压力，因为他们的实际情况和兴趣爱好等因素会对选择产生影响。如果一些学生擅长 Photo shop、Java script、PHP 和 DW 等方面的专业知识，而且具有较强的想象力和创造力，那么他们可以应聘淘宝设计师的职位。这不仅能够发挥这些学生的专长，同时也有助于提高他们的社会实践能力。

（四）"在线课堂"的创新创业教育新模式

在"在线课堂"的教育模式下，上万人可以同时进行学习，并以学生自身的兴趣为主要教学内容，通过网络平台的方式听课。因为在线课堂大部分都是在网上进行的，不会受时间、地点和空间等的限制，只要有网络就可以学习。同时，还可以回顾以前没听过的内容，十分快捷。"互联网+"的实行将对我国传统产业进行升级和转型，为推进产业数字化、网络化和智能化发展提供深刻的变革能量，这也是实现"中国制造 2025"战略的核心内容。在"互联网+"行动实施的基础上，广大学生在毕业后才能更好地适应当前经济结构转型和创新型国家建设的需要。因此，高校需要持续不断地加强对大学生创新创业教育的重视和引导，使学生能够在课堂内外积极探索，并更好地培养学生的创新思维和实践能力，使其为国家的发展和建设作出更大贡献，从而为中华民族伟大复兴的稳步推进输送更多的优秀人才。

第四节 "互联网+"背景下的创新创业项目分析

尽管我国的创新创业教育仍有改进之处，但创新创业项目实践为我们提供了一种有效的补充方式，能够弥补教育不足的缺陷。使用软件教学、撰写创业计划书并模拟创业流程，可以促进实施创新创业项目，从而提升创新创业教育的质量和效果。通过实际操作，教育学生将自己所学习的专业知识与相关领域的知识相互渗透，这样可以使得这些零散的知识点得以相互关联、相互协调并形成一个全面完整的系统；鼓励学生将已学的知识运用于实际，培养实践能力及个人素质，以充实他们的理论知识。

一、皮影文化宣传推广方案

该项目立足于非物质文化遗产——皮影，开展网络营销和创业实施。团队运用微博、网站等多种互联网技术对皮影进行网络宣传，并搭建网站平台及淘宝店铺进行皮影产品销售。

（一）项目简介

1. 项目背景分析

中国不仅拥有丰富的文化遗产，也是一个正在快速发展的发展中国家。在促进经济发展的同时，确保文化遗产得到妥善保护，是一项紧迫和具有挑战性的使命。2007年，文化遗产保护工作得到了进一步的发展和规范，这得益于政府的高度重视。多个政府部门，如财政部、文化部、建设部、教育部、国家文物局等，纷纷提高了对文化遗产的重视程度，致力于保护、传承和展示历史悠久的重要文化遗产，让它们的价值更加凸显。但可悲的是，我们每天都在失去一种无形的文化遗产。鉴于非物质文化遗产的特性，比如无形、易失和非书面等，保护这些遗产变得更加紧迫。需要注意的是，这些文化遗产所包含的资源流失速度甚至比物质文化遗产更快。随着现代社会的发展，许多古老的技艺、传统的习俗和文化礼仪正在消失，这是因为它们缺乏有效的传承和继承。因此，我们需要研究如何在促进科学发展观、建立和谐社会的过程中，对非物质文化遗产进行保护和传承；需要考虑如何在经济繁荣和保护、传承非物质文化遗产之间取得平衡，并采取相应的措施。将人类文化遗产中珍贵且无法替代的宝藏传递给子孙后代是每一代人不可忽视的使命。因此，当今时代就是推广和传播皮影文化的关键时刻。

2. 皮影文化的需求分析

我国的皮影行业正在迅猛发展，商品制造持续扩大，政府鼓励该行业向高科技领域转型。相关企业方面也在逐渐增加投资项目，以促进该行业的发展。越来越多的人开始认识到非物质文化遗产的价值与重要性，投资者们也开始将注意力投向皮影市场。这种趋势不断增长，使得皮影产业成为社会各界所关注的核心。同时，皮影文化本身具有广泛的潜在需求。下面本书将对此做进一步分析。

（1）大学校园的潜在需求

就中国而言，截至2021年，我国大学生在校人数为18931044人，研究生在校人数为 3332373 人。① 除此之外，加上中小学生的数量后，校园市场的规模非常大。就皮影市场需求而言，在全球范围内，校园市场是不可被忽视的重要组成部分。大学生接受优质的教育，因此他们具备高素养，同时他们能表现出对个人消费的显著关注。考虑到学生多数时光都在校园中度过，校园市场已经发展成为一个相对封闭但非常繁荣的文化市场。相对而言，现在大多数在校学生已经养成了网络生活的习惯，网络已经成为他们生活中不可或缺的一部分。

（2）学龄前幼儿的潜在需求

当代年轻人在高科技及信息时代环境下不断成长，这导致他们对传统事物感到陌生。政府今后的重要任务是要教育学龄前幼儿认识传统艺术，因为他们是祖国未来的希望。通过举办皮影戏活动，孩子们可以更深入地了解民间文化艺术的形式和内涵，从而激发他们对该艺术形式的兴趣和热情；激发孩子们对民间艺术的兴趣，加深他们对本土文化的认知和认同；提升孩子们的口语表达能力、想象力、探究精神和思维能力；促进其在团队合作方面的素质发展。利用这个机会，还可以帮助幼儿培养出自主决策、自主学习和敢于迎接挑战的能力。

（3）收藏界的需求

在收藏领域，皮影文化是一个相对较少被涉及的领域。由于历史久远、价格合理，古老的皮影被越来越多的人视为有投资价值的收藏品，也逐渐受到了公众的认可。举例而言，如果保存良好，每一件明清时期的皮影价值都在数千元以上，特别是在那些呈现丰富故事情节的、古老的大幅皮影，其价值更加突出。在这些古老的大型皮影里，还留存着布景、人物、家具和树木等元素，且可以创造出完整的场景和出色表演效果的皮影具有更广阔的增值空间。对于收藏初学者来说，收集皮影并不需要太高的门槛。需要注意的是，现今市场上的皮影多为现代雕刻的仿古艺术品，价格适中，每张多为几十元至一百元。

3. 皮影文化的宣传推广与电子商务结合的 SWOT 分析

（1）优势（Strengths）。因为生产皮影产品的中小企业规模和经营领域的限制，它们抵御风险的能力较弱。它们经常采用专业化、细致化、特色化的经营方式，将注意力集中于特定的产品和市场细分上，或者以满足特定顾客需求为竞争

---

① 中华人民共和国教育部.各级各类学历教育学生情况[EB/OL].(2022-12-30)[2023-02-08]. http://www.moe.gov.cn/jyb_sjzl/moe_560/2021/quanguo/202301/t20230104_1038067.html.

优势。要实现这一目标，必须建立一个信息收集通路。该通路必须是高效、灵活、准确的，以确保企业始终保持高水平的信息敏感度和快速的响应能力。对此，基于互联网的电子商务系统可以有效提升企业的竞争力。

（2）弱势（Weakness）。皮影的创新和传承能力不足，缺乏对新剧目的研发，活动场所十分受限，传统群众对皮影的了解和关注不足，同时生产商的资金和市场开拓能力也不足。这些因素共同限制了皮影的进一步发展。所以，将电子商务与之融合，已成为刻不容缓的必要之举。

（3）机会（Opportunities）。国家发布的《非物质文化遗产的保护政策》中的"十二五"规划强调了对文化产业的扶持。然而，随着旅游业和城市的蓬勃发展，皮影文化也将面临前所未有的机遇和挑战。

（4）威胁（Threats）。由于公众对非遗文化保护的关注度不高、非遗传承受到阻碍以及缺乏资金支持等因素，推广非遗的竞争愈发激烈。随着外来文化和现代文化的影响越来越大，皮影艺术的市场份额已经被大幅减少。因为存在限制非物质文化传播的种种因素，故皮影文化的推广面临巨大难题。

4. 皮影文化宣传推广策略

（1）线下推广。线下推广主要是指举办皮影文化活动。中国皮影戏，在联合国教科文组织保护非物质文化遗产政府间委员会于2011年11月27日召开的第六届会议上，成功被列入"人类非物质文化遗产代表作名录"，这也让皮影具备了专属节日。

可以考虑在各大高校里成立皮影文化宣传推广志愿者团队，并于11月举办连锁展销会，在学生群体中推广皮影文化，鼓励他们尝试制作皮影并购买回家，以此更广泛地推广皮影文化。如果条件允许的话，高校可以在适宜的场所引入私人资金，建造皮影文化产业园，并将其发展成一个设有多重功能的文化、旅游及娱乐场所，既包括皮影人的制作、表演和工艺品销售，又提供艺术体验，以达到线下推广皮影艺术的目的，促进皮影艺术的传承和发展。

（2）线上推广。①运用以淘宝为代表的电商、各大网站及移动电子商务。当下，淘宝市场火爆，因此需要建立淘宝网店，还需要建立相关网站，将服务器上传至该网站。网站主要用来发布团队和产品信息，提供联系方式等。还需不断完善该网站，力求通过在线交流，与客户进行购物行为的沟通交流。②微博、百度的运用推广。鉴于当前新浪微博的热度和影响力，团队需要通过这些平台进行营销推广，推广团队、陕西文化、皮影戏以及相关产品，并及时咨询企业教官，以进一步完善实施方案。

5.皮影文化的宣传推广方案实施计划

（1）前期阶段。①寻找货源以及合作商家，与其合作，以解决在活动过程中货源数量和质量难以得到保障的难题。②挑选适宜的产品，并带领商家观摩基地和储存仓库。③建立皮影文化网络营销平台，运用创新的网络营销模式。④组建一支以大学生为主的团队，专门负责物流配送。⑤企业提供同城配送、全国物流配送等服务，并在寻求合作的过程中，与物流公司达成物流配送的协议。此外，可以考虑将该模式推广至周边高校，扩大其影响范围。

（2）中期阶段。①拓展团队规模，拓展合作伙伴网络。及时与各皮影销售商建立联系，展开广泛的宣传推广活动，同时打造独具特色的皮影品牌，力争成为皮影市场上最受欢迎的营销品牌。②开展连锁展销活动。在选定一个大学校园作为基准点的前提下，举办展销活动，并将其推广至该城市其他大学校园，以促进发展。③增强在线综合交流平台的完整性，设计更多的平台功能。除了在线推广，相关工作人员还应该积极扩大皮影爱好者的社群，并与他们建立更紧密的联系，加强交流互动。保证定期推出新的皮影制品，并随时更新有关皮影文化的最新消息和社交热门话题。可以考虑开拓更多的线上销售渠道，例如，在某些购物平台上开设店铺，从而以网络方式向国外观众推广皮影文化，让更多的外籍人士了解和欣赏皮影艺术。

（3）后期阶段：民间美术既是艺术的发展源头，也是艺术的传承之道。民间艺术所具有的历史价值在于它属于一种珍贵遗产。它当前呈现的形态包括丰富多彩的社会生活场景，以及代代相传的民族艺术传统；它来自人们自发的创作，存在自娱自乐的愉悦性，以情感真挚、朴实深厚为主要特点。中华民族从问世以来，一直坚信重视个体和情感的宇宙观，这种信仰在民间艺术中得到了最完美的表达。因此，继承和弘扬民间美术，是一个具有历史性责任的工程。

进行网站升级后，营销平台能够增加产品数量并提高服务质量，也能提升平台内文化创意产业管理模式的整体水平，吸引更多厂商参与。为此，可以建立专属部门，如财务、营销、外联、行政和人事等，以更好地使平台进行运作和管理。

随着加盟形式的不断发展和规范化，企业能够创造特定的合作模式，从而在降低成本和费用的同时解决网商和实体企业所面临的个体能力难题。建立一个可靠的团队、提高企业品牌的发展，是长期盈利模型的主要内容。除了单纯通过产品销售赚钱，企业应该注重提升品牌价值，这可以吸引投资人的关注，并积极推进我国皮影产业成为国内外皮影行业的领先品牌。当然，企业也要坚定不移地履行社会公益职责，不断努力推广和宣传皮影文化。

（二）项目特色

（1）皮影文化创意产业平台的搭建，有操作实际应用价值、客户资源价值、信息集合价值、平台建设的技术价值。

（2）与企业进行合作有商用价值（供货），销售产品有经济价值（收益）。

（3）平台的搭建同时也给了大学生一个实践的机会，为同学们提供一个勤工俭学的岗位，增加学生的实践经验。

（4）历史价值，让皮影文化能在快速发展的时代中传承下去，为喜欢文化的人提供便捷享受。

（5）通过经济的影响力带动整个皮影文化的广泛流传，使得文化得以传承。

（6）皮影文化的推广有社会公益价值，响应了国家文化产业建设的号召，为发扬民族文化事业增添色彩。

（三）项目点评

一个民族只有同时保护物质和非物质的文化遗产，才能在形态和精神上独具特色，并与其他民族区别开来。尽管现今已经较少人接触皮影，但只要我们汲取其艺术精髓，皮影仍有可能重返社会大众的视野。根据皮影文化宣传推广方案，要将与中国特色文化产业相关的产品和电子商务相结合、相互促进，利用在线平台进行市场推广，以提升这些产品的知名度，还要安排各种活动，将能够体现本土民族文化艺术遗产特色的创新产品推向市场；要利用区域独特的资源和优势，集中力量发展中国特色文化产业，特别是注重发挥创意，通过民间艺术品的开发，加强对中国特色文化产业的宣传，推动其发展壮大设计一份推广方案，将皮影文化与电子商务相结合，提出全新营销理念。这对于推广皮影文化具有重要意义。

二、校园网络工作室项目

（一）项目简介

1. 项目背景分析

在网络飞速发展的今天，一个现代化的企业如果没有自己公司的网站就会成为企业未来发展的阻碍。网站是一家公司最为廉价的广告宣传载体。公司创建一个网站可以让互联网上的用户轻松、全面地了解自己的公司，以及公司的产品。但是对于一个想要在互联网进行营销活动的企业来说，光有一个网站是不够的，还需要对网站进行优化处理，让诸如谷歌、百度和雅虎等主要搜索引擎收录企业网站，逐步提升企业网站权重。

2. 整体方案实施计划

网络工作室作为一个大学生工作室，主要围绕网站建设和网络推广开展业务，主要业务包括：（1）网站建设包括PHP、ASP.net网站建设；Wordpress、Dedecms、Ecshop、Discuz；网站策划、网页设计网站内容整理、网站评估、网站运营、网站整体优化、网站改版等。（2）网络营销包括网站结构的设计、代码优化和内部链接优化、内容优化、用户体验优化；网站外部链接优化网站的链接建设、网站的外部数据分析等。（3）视觉设计包括彩色印刷、平面广告海报设计、网站形象设计、Flash、影视制作栏目包装、企业形象宣传片、产品专题片、影视编辑、语言编辑MTV制作、电视片头。

3. 营销策略

市场发展拓展的整体规划为以网站建设、网络推广为主营的业务，在本地做好网络工作室，以本地为基础辐射全国。建立属于自己的工作室、网络公司，把工作室优质的服务和完备的售后推向顾客、推向社会，使之成为企业值得信赖的合作伙伴。

营销主要由线上和线下两大部分组成，着重从以下几点入手：（1）网络工作室网站的搜索引擎优化百度竞价排名；（2）云端技术的使用和关联；（3）移动电子商务业务推广；（4）博客、微博、论坛电话短信营销；（5）校园网络工作室部门成立，互帮互助学习园地。

4. 项目实施过程

（1）网站搭建。首先搭建起网站，将项目推广上线并在后期不断地对网站进行优化。

（2）网站推广。选择以"SEO为主，竞价排名为辅"的方式在互联网上推广网站。首先优化搜索引擎；其次开展百度竞价排名，以百度作为后盾，开展网络推广活动。

（3）移动互联网营销。为企业用户开发公司网站的专用APP小程序，提升企业的形象，让企业在移动互联网的浪潮中可以站稳脚跟。

（4）云计算技术的利用。云计算是基于互联网的相关服务增加、使用和交付模式，通常涉及通过互联网来提供动态易扩展且经常虚拟化的资源。其一，新浪移动云平台；其二，移动应用在线开发云平台。

（5）即时聊天系统和社会化网络推广。在网站中加入即时聊天系统和QQ等在线沟通接口，给网站添加百度分享模块，可以让用户很便捷地将网站分享到各大知名社会化网站。

5. 线下营销

网络工作室和一般网站一样，在初期起步的过程中很难在互联网上获得订单，需要用线下营销来进行辅助，以线下的传统营销方式和手段带动线上的发展，在线上业务成熟的时候，可以使线上营销和线下营销相互促进、共同发展。

（1）与财务咨询公司合作形成外包服务产业链。选择与本地的财务公司进行合作，因为财务咨询公司可以直接与公司进行接触。工作室可以与财务公司进行合作，在获得客户首肯的情况下，从中获得大量潜在客户的信息。

（2）校园兼职机会。校园网络工作室为学生提供代理模式的兼职工作，学生可以申请成为校园网络工作室的外围成员，对校园网络工作室进行营销宣传，介绍身边的亲戚朋友做网站，也可以自己找企业洽谈。每单业务会给予学生纯利润的20%—30%。

（3）电话营销。通过电话主动出击，进行电话营销；通过黄页网站获取本地企业的信息；通过团队成员的筛选进行电话营销。在电话营销的过程中询问企业是否有建立网站或者网络推广等方面的业务需求，并针对客户的需求，把相关网站建设和网络推广的基本概念及作用向客户做简单介绍。

(二)项目特色

首先,建立校园网络工作室,可以依靠学校提供的办公室模拟公司机房以及提供网络接入条件,充分发挥学生的主观能动性,利用大学生的创新思维,在校园进行品牌推广、招贤纳士,让更多的有才之士进入校园网络工作室并一起奋斗努力。其次,通过线下的市场营销和线上的网络推广,进行业务推广活动,争取拿到更多订单,与更多企业进行合作,帮助企业建立网站、进行网络推广。在线上部分,通过有效的创新和使用网络工具,为团队创造影响力,进行网络营销,比如可以通过百度推广等方式推广项目的方案;在线下部分,着重开展与本地公司企业的合作,特别是与财务咨询公司进行合作,实现优势互补,形成业务外包产业链。最后,校园网络工作室作为一个以大学生在校创业为主题的工作室,它并不是单纯的以盈利为目的,更多的是从电子商务专业角度出发,增强大学生就业竞争力。学校提供的模拟公司在老师的指导下,采取学长对新加入的成员进行培训的方式,提升学生的网络知识技能。工作室会把每一个与企业合作的项目都当作大学生实践学习的项目,让工作室中的学生可以学以致用,把自己学习到的东西运用到实践当中去。争取做到理论和实践相结合,培养大学生的主观能动性和实践动手能力,从而提高大学生的就业竞争能力。

(三)项目点评

校园网络工作室是一支由大学生组建的校园网络工作室,是一家以互联网基础业务为起点,集网站建设、网站制作、网站设计、网站优化、网站推广、网站策划、网络营销、搜索引擎优化、域名注册、主机租用、企业邮箱于一体的综合性网络工作室。该项目的目标是把校园网络工作室建设成为本地最大的网络服务提供商,将真实的企业项目作为提升学生动手能力的媒介,通过创业项目提升大学生专业素质。该项目的运营融合了专业知识、实践经验、创造力和团队协作精神,秉承团队精神中的诚实守信、严守承诺、宽容待人以及开拓创新的理念,并专注于提供优质的互联网多媒体服务,为企事业单位打造新的品牌展示方式,从而与大众一起助推中国互联网产业的长远发展。

第五章 我国大学生创新创业的未来发展

随着经济转型升级和创新驱动发展的浪潮涌动，创新创业不仅成为时代的主旋律，更是国家的重要战略。作为培养创新型人才的摇篮，高等院校在当今社会必须要加强对大学生创新创业能力的培养与提升。只有高等教育的蓬勃发展和人才培养质量的提高，才能进一步提升经济社会的活力，提升国家的国际竞争力，进而增强国家综合国力，因此高校对于创新创业教育的水准和效果格外关注。在"互联网+"时代背景下对大学生创新创业教育模式的完善，已经成为我国高等教育改革的一个重要策略。本章基于我国大学生创新创业的未来发展，依次阐述我国高等教育与创新创业、我国大学生创新创业教育的发展趋势、我国大学生创新创业教育的展望三个方面的内容。

第一节 我国高等教育与创新创业

时任总理李克强在中华人民共和国第十二届全国人民代表大会第三次会议上的政府工作报告中，提出要将"大众创业、万众创新"作为中国经济持续发展的推动力之一。在 2015 年 5 月 4 日，国务院办公厅发布了一份名为《国务院深化高等学校创新创业教育改革实施意见》的文件，规定了一系列措施，以增强高校创新创业教育的水平。其中提到要在 2015 年全面推进高校创新创业教育改革，并在 2017 年取得显著进展，最终在 2020 年构建一个较为完备的高校创新创业教育体系。这说明我国正在加快推进创新型国家建设，并把大学生培养成为具有创新能力的高素质人才。这也意味着我国高等教育要培养出具有创新性思维和创业精神的人才，同时又能够适应社会经济转型对人才需求的变化。因而现代大学应当将创新创业教育视为提高人才培养质量的重要教育目标，这不仅是现代经济社会发展的主要策略，更是大学必须关注的核心任务。

一、我国高校创新创业教育的优势

在当前的经济社会环境中，我国高校依旧要深入开展对创新创业教育的改革工作。我国的创新创业教育起步于20世纪90年代末，虽然远远落后于西方发达国家，但是它正逐步受到国家、高校和社会的重视。尤其是随着互联网的快速发展，我国进入了"大众创业、万众创新"的时代。互联网催生了大量创新创业机会，提供了较多优质化的创业平台，创造了一种有利于创新创业的环境，激发了众多学子投身于创业的热情。同时，互联网的广泛应用为创新创业教育注入了强劲动力，从而推动了其快速发展。目前在全球范围内都在积极推进创新创业教育的改革，中国在创新创业教育方面有卓越的表现，彰显出其在这一领域中的杰出实力。

（一）国家战略支持和重视

创新和创造能力是人类所特有的能力，是人类高级主观能力的体现，也是推动人类社会发展和进步的重要引擎。一个国家想要高水平、高质量的发展，就离不开创新思维、离不开永不停息的创新活动。自改革开放以来，我国的经济和社会一直在飞速发展，并且取得了丰硕的成果。我国已经成为世界第二大经济体。信息技术蓬勃发展、经济全球化浪潮带来了诸多机遇和挑战，尤其是在知识经济时代来临的背景下。为了保持和提升我国国际地位，我们必须加强科技创新能力，并注重培养具有创新精神的人才。但是，我国国民的创新能力和创新意识偏低，创新型人才明显缺失，这制约着我国经济的发展。

在互联网问世之后，人们在获取信息、交流、交易、娱乐以及办公等方面的方式发生了翻天覆地的变化，可以说互联网已经无所不在地融入了人们生活的各个角落。互联网打破时间、空间格局，推动传统产业的升级，带动社会经济发展的同时，也给我国信息技术的发展带来了巨大挑战，加剧了国际间的竞争。自互联网传入中国以来，我国的网民数量位居世界第一。毫无疑问，我国是当之无愧的网络大国。但是，网络大国只有"量"的优势，缺乏"质"的提升。为此，2015年10月召开的中国共产党第十八届中央委员会第五次全体会议指出，要实施网络强国战略。建设网络强国必须要有过硬的科学技术和具有自主创新能力的人才队伍。互联网信息技术的发展，不仅改变了我国的传统经济模式，也吸引了一大批有志青年投身到互联网创业中。高校的创新创业教育在这一举措的推动下得到了进一步提升。网络强国战略的提出为我国高等教育改革指明了方向，它将推动我国经济结构转型升级，进而提升国家创新能力与国际竞争力。网络强国战略的推进不仅推动了高校创新创业教育的深入发展，同时也为网络强国战略的有效实施注入了活力，两者相互促进、相互发展。

一个国家是否具备创新型国家的特质，取决于其在创新领域的资金投入、科技进步对经济发展的贡献、自主创新能力以及创新成果的产出水平。在我国高等教育大众化背景下，高校要适应社会需求、实现跨越式发展，就必须加强大学生创新创业教育。高等教育机构的创新创业教育目的就是培养学生对于创业概念和实践能力的深刻理解，激发学生的创新创业意识和能力，同时提供多样化的实践教学，以促进学生科技创新能力的提升，从而培养更多具备创新思维和创业素养的人才。在我国高校中开展的创新创业教育也是以就业导向为主，强调的是"学"与"用"相结合，注重的是学以致用，希望可以帮助大学生在创业过程中将其所掌握的知识和技能转化为实际产出，从而实现创业的目标。因此，在大学期间开展以提高大学生创新能力为目标的创新创业教育势在必行，也唯有开展创新创业教育才能满足各个领域对人才的需求。总的来讲，创新创业教育是建设创新型国家的重要途径。

（二）符合高等教育深化改革和发展的趋势

从高等教育创立之初开始，我国高等教育改革的步伐就从未停止，尤其是自改革开放以来，我国的高等教育改革取得了显著的成效。但是，这并不代表要停止改革的步伐，相反，我国要顺应经济发展和社会进步的新形势，改变人才培养模式、更新教育理念、完善教育体系，继续深化改革和发展高等教育。创新创业教育的发展，将进一步深化高等教育的改革和发展。

2016年4月，时任总理李克强在北京召开了高等教育改革创新座谈会，为我国的高校教育改革指明了新的方向。李克强同志在会议上说："高等教育要着力围绕服务国家创新发展，促进大众创业、万众创新，培育更多创新型人才。"他还指出学校的根本任务就是培养人才，要培养学生的创新意识和实践能力。[①] 国家越来越意识到创新对一个国家发展的重要性，并提高了学校对学生创新能力培养的要求。创新创业教育通过创新教育转变了传统的人才培养目标，通过创业教育推动了新时代的创业潮流。

创新创业教育能够帮助大学生拥有更加积极的人生态度和创新思维能力，因而转变了传统的教育观念。过去，我国高校在进行教育时过多地强调大学生的全体性和一致性，忽视了对大学生个性的培养。在这种传统的教育思想指导下，高等教育的质量大大降低了。而创新创业教育在注重共性教育的前提下，承认学生发展的非同步性和多倾向性，更加强调学生兴趣和特长的展示和发挥。学生不再是被动地接受知识，而是可以根据自己的特长和自身的需求主动地去寻求知识。创新创业教育有利于学生整体素质的提高。传统教育的另一个缺陷就是关起门来搞教育，严重脱离了社会经济发展的这个大背景，忽视了对学生的实践教育；而创新创业教育则紧跟社会经济发展和科学技术进步步伐，通过与科技、经济和社会的结合，培养学生的市场思维和商业意识，使得大学生在毕业后可以很快地融入社会。创新创业教育的教学方法融合了理论教育和实践教育，通过理论学习培养学生丰富的理论知识储备，同时结合实践训练提高学生创新创业和实践能力，是一种全新的教育模式。

在"互联网+"的背景下，我国的创新创业教育达到了新的水平。在高等教育的改革中，创新创业教育也是改革的一个重点项目，是推进高等教育深化改革的重要举措，更是高等教育改革的一项关键任务。推行创新创业教育是对我国现有教育体系的增添和完善，它转变了传统的教育模式，改变了高等教育的目标，所以我国应该进一步发展创新创业教育。

（三）切合我国经济转型的需要

随着各国在经济领域的合作不断加深，全球经济互相联系和依存程度也越来越高，这带来了更多的挑战和机会。因此，拓展国际合作和提高竞争力已成为各国必须面对的共同任务，将在很大程度上决定其国际地位。我国经济发展存在很多的不协调、不平衡的问题，如收入分配不合理、产业结构不合理、科技创新能

---

① 中青在线. 深化教育改革激发更大活力 贯彻创新战略赢得发展未来[EB/OL]. (2016-4-18) [2023-02-10]. http://zqb.cyol.com/html/2016-04/18/nw.D110000zgqnb_20160418_1-03.htm.

力不强等。可以说，我国现阶段内外形势给我国经济转型和升级提出了更大的挑战。我国的"十二五"规划纲要明确指出"坚持把科技进步和创新作为加快转变经济发展方式的重要支撑"，党的十八大又提出"创新驱动发展"。可见，"创新"和"科技"对我国经济的增长起着举足轻重的作用。科学技术的进步对经济增长的贡献将越来越大。

新型产业的产生和传统产业的升级是建立在对新科技成果的开发、应用基础上的，这种开发和应用的重要因素就是人才。学校有责任担负起培养学生创新能力的历史重任。虽然我们一直呼吁对高等教育的改革，但我国大多数的高校仍采取应试教育的方法，培养出来的人才大都缺乏创新能力和科研能力，这大大降低了我国人才的质量，也使大学生难以适应知识经济时代的发展。为此，我国高等教育培养人才的方式和目标要从根本上发生转变，以满足经济发展和转型对人才的需求。此时，以培养创新型人才为目标的创新创业教育登上了历史舞台。创新创业教育注重培养学生的综合素质和创新能力，弥补了传统教育的不足，为经济发展培养具有创新能力、科研能力的创新型人才。推动创新创业教育能激励更多的学生踏入社会独立创业，这样有助于扩展产业链、推动产业结构的完善和升级。近年来，新一代大学生将所学的信息技术和科学技术运用到创业实践中，加快了传统产业结构的转变。

二、我国高校创新创业教育的局限

在"互联网+"时代背景下，科学技术和信息技术高速发展，尽管为我国高校的创新创业教育提供了许多机遇和平台，但仍存在许多问题。当下的创新创业教育没有跟上互联网快速发展的步伐，依然处在边缘的位置。

（一）创新创业教育形式化

1. 创新创业教育理念混乱

创新创业教育是一种新型的教育模式，具有独特的教育理念。高校开展创新创业教育旨在培养具备创业素养和独特个性的人才，提升学生的创业意识、创业精神和创新创业能力，从而有效地改变学生的就业观念。我国当前高校创新创业的主要问题在于创新创业教育理念滞后，这一问题早已在2015年5月国务院发布的《关于深化高等学校创新创业教育改革的实施意见》中被明确提出。因此，针对我国高等教育的改革，高校应优先从改革教育理念入手。高校要开展创新创业教育，必须以正确的理念为基础。正确的教育理念可以为实施创新创业教育提供指导。但当前我国的人才培养机制从设计到实施方案的落实，仍旧需要进一步的完善和优化，这主要还是在于创新创业教育理念的缺失。

20世纪90年代，我国的创新创业教育才刚刚起步，与美国、英国、法国等国家相比，还有很大的发展空间。当时我国面临严峻的就业问题，企图通过对大学生进行创新创业教育来增加就业率，缓解就业压力。所以，我国对大学生进行创新创业教育的主要目的是提升学生们的就业能力，并培养学生们的创业技能，但除此之外，学校并没有深入考虑其他方面的需求。所以学界目前都说，当下创新创业教育的概念已被扭曲为单纯地试图通过培训大学生的技能来缓解就业压力，而放弃了以学生的综合能力发展为中心的本质目标。这样做忽视了创新创业教育的实质，忽视了培养学生成为适应社会需要的全面发展人才的本质。另外，我国创新创业教育的对象主要是高专类院校和普通本科院校的一部分学生而并非全体学生。这使得创新创业教育具有了一定的精英化色彩。创新创业教育的内涵本质是培养受教育者的创业意识和创新精神。它是就业教育的拓展，其基本特征是创新、创造和实践。当今社会互联网的快速发展给我国的创新创业教育提供了新的时代背景，高校应当抓住这个契机，顺应时代发展的要求、把握经济发展的趋势、满足个性化的需求、加快创新创业教育的发展进程。其发展的关键就是要重新树立创新创业教育的理念。

2. 创新创业教育定位模糊

为提高高校对大学生创新创业教育的重视，在2016年，教育部发布了《关于做好2016届全国普通高等学校毕业生就业创业工作的通知》。《通知》中提到，所有高校均应开设创新创业教育课程，所有学生都要参加创新创业必修课、选修课，并将该课程纳入学分管理之中。目前，我国大学生创新创业课程、项目的数量不断增多，但由于缺乏有效的指导与支持，很多学生参与积极性不高。在许多高校中，该领域的学科地位相对较低，一些高校甚至将创新创业教育视为一门可有可无的专业基础理论课来对待，认为这是一项多余的教学任务，因此并未将创新创业教育纳入主流教育体系，而是将其视为技术经济学科或企业管理学科的组成部分。这也就导致许多高校出现对于创新创业教育的学科定位模糊不清的情况。同时，很多学校还没有针对大学生开展创新创业方面的实践教学，致使学生们缺乏相关技能训练，难以满足社会需求。甚至还有一部分高校的创新创业课程开设数量极为有限，且被设置为公共选修课，在高校里仅开设一门或多门有关创业的公共选修课供在校大学生选择。高校为节约资金，其公共选修课往往不是由创新创业专业的教师授课，而是由其他专业的课程教师兼职授课，授课形式也停留在灌输上，脱离现实、脱离当前的"互联网+"时代。选修课本身的特点，使得创新创业课程受众太少，每学期只能有一小部分的学生选修创新创业课程。

另外，有的高校只在大学生毕业那学期开设一些《大学生职业生涯规划》《大学生就业指导》等就业指导课，并没有涉及创新创业教育的系统培养。创新创业教育课程仅以作业的形式让学生做创业企划书，弱化了创新创业教育的意义。有些高校会邀请一些企业家或创新创业专业人才到学校举办讲座，这个虽然有一定意义，但缺乏系统性和目标性。除了高校对创新创业教育不够重视外，当前我国大学生所具备的创新创业意识也异常薄弱。所谓创新创业意识，就是大学生对从事创新创业活动的一种内心冲动。大学生创新创业意识的缺失直接导致他们对创新创业教育失去兴趣。受传统思想的影响，我国大学生普遍倾向于寻求一份安稳的工作，内心没有要打破现状的冲动，缺乏创造性的行为。同时，高校对创新创业教育的宣传力度和重视程度都不够，大部分大学生只注重对专业知识的学习，并不了解创新创业教育对国家、社会和自身的重要性。有大部分学生参加创新创业教育课程和活动，只是为了获得学分，从而顺利毕业。

3. 理论教育和实践教育脱节

高校的教学活动要求必须要融合理论与实践，而这也是对大学生提出的具体要求。可是，我们国家的创新创业教育并没有达到这种水平。综合型和研究型高校普遍存在这样一种问题，即在开展创新创业教育时，只是过度注重理论知识的传授，但实践环节缺失严重，未能充分锻炼学生的创业实践能力。而在其他类型的大学中，存在一个相反的错误观念，即过于强调实践经验、轻视理论知识，因此，在这类高校中，创业成功或失败常常被用来评价一个人是否取得了成绩。这两种方案都是不可行的。创新创业教育应兼顾理论教育与实践训练，重在培养学生的创新精神、创业意识和创新创业能力。以杭州师范大学这所以师范专业为主的综合型大学为例，该学校的创新创业教育与传统的专业教育之间存在显著差别。创新创业教育应更注重开展实践教育，而不应该仅仅强调理论教育，仅仅进行理论教育无法有效地激发学生的创新创业思维和能力。实践教学是采用理论联系实践的方式，检验理论知识是否准确的重要途径，是培养学生自主学习和获取知识的有效方法，是培养创新型人才的重要环节。创新创业是一项实践性很强的活动，很多知识和技能是在课堂教学中习得的，而实践教学可以鼓励学生勇于实践，激发大学生的创新意识和创业意识，培养大学生的创新能力和创业能力。

在我国创新创业教育中，理论教育与实践教育的脱节主要表现在以下三个方面。一是对教育实践的认识不足。在传统的教育模式中，往往过分强调理论知识的学习，而忽视了教学实践对于人才培养的至关重要性。实践教育被视为一个辅助性的工具。学校在对学生的学习效果进行考察时，也只对大学生的文化知识进行测评，忽视了对其实践能力的考验。受传统观念的影响，我们往往把学术水平作为衡量一所学校教学水平的标准。二是对国家政策执行力不足。目前，我国对高校创新创业教育非常重视，国务院也颁布了指导意见，倡导高校建设大学科技园、大学生创业园、创业孵化基地、大学生校外实践教育基地等创新创业平台。但是由于资金、师资、技术等方面的问题，建设创建创新创业平台的高校只在少数，而且有很大部分创新创业平台对大学生是不开放的，失去了搭建这些实践平台的意义。三是课程设置不合理。虽然我国很多高校开设了创新创业课程，但实际上这些选修课仅限于使用传统的填鸭式教学方式，为大学生提供的实践活动只限于邀请专家举办讲座、让学生制作创业企划书等，有的学校也会举办一些创新创业类的赛事，然而，这些方法并不能完全符合实践教学的标准，且无法很好地培养学生的创新创业素养和能力。

（二）创新创业教育资源缺乏

在国际形势的推动和国家政策的引导下，我国高校最紧迫的任务之一就是推动创新创业教育发展。创新创业教育作为一项长期的行动计划，必须有可以依托的资源来确保它的发展。创新创业资源是进行创新创业教育的基础。在进行创新创业教育的过程中，对创新创业资源的整合和利用，可以很大程度地影响创新创业教育的成效。

1. 宏观角度

从宏观来看，创新创业教育的资源主要有如下几种。

（1）学校资源

学校作为发展创新创业教育的主要场所，无疑是重要的核心资源。学校资源主要有教师及行政人员、教室及图书馆和一些如计算机类的硬件设备等。

（2）政府资源

政府的政策、资金投入是进行创新创业教育的大前提，高校的一切教育活动都必须符合政府的方针、政策。

（3）社会资源

创新创业教育虽然是在学校进行的，但创新创业的行为则是在社会上发生的。创新创业教育不可能离开社会，所以在进行创新创业教育时不能忽视社会资源的重要性。社会可以提供实践平台、资金、媒体舆论等资源。

（4）企业资源

如果说高校传授给大学生的是理论知识，那么企业给大学生提供的就是实践经验。成功企业的管理经验、运营模式正是创业者不可缺少的东西。

2. 微观角度

从微观来看，创新创业教育的资源主要包括：（1）教师。教师作为知识的传播者，是创新创业教育的核心资源。（2）教材。教材是知识的载体。（3）资金。资金作为创新创业教育的资源，也是其他创新创业教育资源的源头。（4）教室和实践场所。这是创新创业教育活动开展的场地。

但当前，上述资源或多或少地存在着诸多不足。

（1）创新创业教育的专业教师缺失

教师指的是传授知识、经验的人。其承担着教书育人、提高民族素质的使命。教师是高校的一个重要角色，每个教师都有自己的专业特长。开展和发展创新创业教育必须有一大批创新创业型的师资队伍做支撑。我国创新创业教育正处于起步阶段，迫切需要大批具有专业水平的创新创业师资队伍。我国高校在招聘教师的时候，往往考虑的是学历和科研能力，忽视了专业教师对于人才培养至关重要的作用。随着社会经济和科技的发展，高等教育越来越重视培养实践能力。实践教育作为一种辅助性工具，被广泛应用于教育领域。高校开展创新创业教育的重要目的之一就是传授给学生一些实践经验。而我国高校创新创业教育大部分是由其他专业的教师兼职代课，只能给学生讲授书本上的理论知识，没有经验提供实践指导。在现实情况下，创新创业教育对教师的要求不同于专业教育，它既要求教师有专业知识，又要求教师具备创新、创业的基本素质和意识，同时也要求教师对于创新创业教育具有深刻的理解，但这样的创新创业教育教师不是经过一两次的培训就能造就的。创新创业教育教师队伍的缺失一直阻碍着我国创新创业教育的发展。

（2）创新创业教育的专业教材缺失

教材是人类知识和经验的累积，由于我国的创新创业教育起步相比发达国家晚，只有短短十几年时间，从而导致我国的创新创业专业教材缺失。我国创新创业教育的环境不断变化，社会经济不断进步，但教材并没有与时俱进，相对来说有滞后性。我国高校在开展创新创业教育的课程时，选用教材比较随意，教材内容简单，没有迎合学生的需求，教材理论深度不够，起不到对有创新创业需求学生的指导作用。另外，我国高校普遍选用的教材主要关注的是对大学生的创业和就业进行指导，而缺乏对大学生创新思维、创业意识以及创新创业能力的培养。有的高校会使用从国外翻译过来的教材，虽然其内容更加丰富，理论更加先进，却不适合我国现阶段创新创业教育发展的需要。

（3）创新创业教育的资金缺失

创新创业教育对资金的需求可谓方方面面的。创新创业教育的发展需要专家学者对创新创业教育进行研究，这需要科研经费的支持；高校为提高创新创业教育水平而培养和引进专业师资队伍，这也需要资金；高校为给大学生提供较好的创新创业学习环境而建造创业实践基地，这同样也需要资金的支持。除此之外，在校的和刚毕业的大学生在创业时往往会面临资金的压力，而政府提供的科研经费和创新创业基金是有限的，大学生创业的融资渠道和筹资形式也很少。所以从整体来讲，我国的创新创业教育面临很大的资金问题。

（4）创新创业教育的实践场所缺失或使用不当

我国现有的高校创新创业教育模式都还普遍停留在传统课堂上，由教师一味地向学生灌输理论知识。究其根源，除了高校和教师对实践教育意识的缺失之外，高校的实训场所还存在缺失和使用不当的现象。目前，我国有一部分高校建设了大学生创业园和创业孵化园等，由于这些场地需要大量资金，而高校缺少的就是资金，以至于这些场所并没有对所有大学生开放。另外我国大部分的高校没有建设专门实践基地，只针对计算机、音乐、美术等一些专业投资建设了一些实验室和练习室。创新创业教育是离不开实践、实训的，大学生没有得到实践，会影响我国创新创业教育的效果。

（三）创新创业教育体系不完善

我国的创新创业教育起步较晚，尚未形成科学的创新创业教育体系。以下几个方面是我国创新创业教育体系所面临的问题。

1. 创新创业教育目标定位模糊

方向和动力会决定前进的目标，这个理论同样适用于我国的创新创业教育。目前我国创新创业教育的发展受到了创新创业教育目标模糊和偏差的直接制约，这种情况直接影响了创新创业教育的质量。我国高等教育需要将创新创业教育纳入重要教育内容的范畴，这才是培养大学生创新创业意识和能力的主要途径。面向所有大学生的培养创新型人才的教育，应该有一门独立的学科或专业。但当下，我国许多高校在创新创业教育方面缺乏明确的目标和定位，这一问题在整个中国高等教育体系中也普遍存在，在我国的教育体系中，创新创业教育一直处于边缘化的地位，没有得到学校、教师和学生的重视。从师资力量到课程安排再到教学评价，都可以看出创新创业教育的地位。

在我国的高校中，创新创业教育普遍有流于表面和功利化的倾向。一方面，大部分高校进行创新创业教育是为了提高本校毕业生的就业率，所以把创新创业教育视为培养大学生创业技能的手段而不是一门学科。有的高校甚至把创新创业教育作为对大学生就业进行指导的、为毕业生服务的工作，而没有把创新创业教育当作一个专业进行系统的教学。另一方面，由于我国高校创新创业教育体系不健全，缺少专业化的教师引导，有的学生会误以为创新创业教育就是让他们去创业，让他们效仿成功人士做创业者、企业家。这就偏离了我国发展创新创业教育的初衷，不利于培养我国急需的创新型人才。

在国内当下的教育模式中，多数高校只重视对创业理论知识的讲授，缺乏创新创业实践教育的开展，因此使得创新创业教育培养目标不平衡，从而使学生创新创业意识得不到有效培养，使得学生创新创业的能力与品质得不到提升。这种"纸上谈兵"、空洞乏味的教育模式，使学生不感兴趣，所以达不到创新创业教育的预期效果。

2. 创新创业教育尚未形成一门学科

"学科"通常指一定科学领域或一门科学的分支，是对大量丰富的知识依据某些共性特征进行划分而形成的相对独立的知识体系。形成一门学科，首先要有专门知识体系，其次要有从事科研的专门人员，最后要有设施、场所、资金等保障。我国高等学校本科教育体系设置了学科门类，每个门类下设有若干一级学科，一级学科下又设若干二级学科。根据2011年国务院学位委员会和教育部颁布的《学位授予和人才培养学科目录（2011年）》，我国本科教育体系设有13个学科门类和110个一级学科，各高校根据自己的师资力量和发展特色设置适合本校的学科。[①] 在高校教育体系中学科的设置和改变过程中，从没有设置有关创新创业的学科，甚至有的高校创新创业课程的开设都很随意。在国外，"创新学""创业学"作为一门隶属于"管理学"或是单独的学科、专业，已发展至成熟阶段。我国创新创业教育的发展远远落后于发达国家。

目前，创新创业教育仍处于高等教育学科的边缘，尚未形成一门学科或者专业，导致高校对创新创业教育缺乏科学性和系统性的研究。目前，我国高校对于创新创业教育的看法尚未形成一致的共识。各高校从自身出发，根据对创新创业教育的理解来开展创新创业教育，没有形成较为规范、科学的教育模式。在学术研究领域，教育研究机构、高校及其学术研究者没有足够重视对创新创业教育理论的研究，这种情况导致我国创新创业教育理论方面的发展比较缓慢，缺乏一个完善的理论框架。而创新创业教育体系的建设迫切需要丰富的理论知识作基石。在教学过程中，高校教育的目标并不包括创新创业教育目标；课程的设置大多以选修课或开展讲座的形式进行；教材的选取照搬国外，本土化不足；教育手段单一，传统授课的形式吸引不了学生的兴趣；理论与实践脱离，大多高校将开展创新创业大赛、让学生制作创业计划书作为创新创业教育的实践环节。

互联网时代的发展，加大了对创新型人才的需求。只有具备创新精神和创新能力的人才能迎合时代的需求。社会的快速发展给创新创业专业人才提出了强烈

---

① 王萝祥，刘杨.创新创业教育的学科逻辑与路径分析[J].中国科技人才，2023（1）：7.

的社会诉求。经过多年的发展，创新创业教育已经逐渐受到重视，对创新创业教育的研究已经具备了一定理论功底。但是，学术界对于创新创业教育应归于哪个学科一直存有争议，对我国是否具备设置创新创业教育学科的条件也是众说纷纭。总的来说，我国设立创新创业学科的条件还有所欠缺，仍需要各方面的不懈努力和国家政策的大力支持和推动。

3. 创新创业教育与专业教育脱节

专业教育又称"专门教育"，它不同于通识教育，主要的目标是培养专门人才。高校专业教育是建立在学科分类基础之上的，通过设置明确的专业教学目标、设计科学的课程体系、采用针对性的教学方式培养专业人才。创新创业教育着力于培养具有创新性思维和创业能力的学生，进而为社会造就具备综合素质的人才。专业教育致力于对某一领域的深入探索，并通过将有关专业知识与技能传授给学生来培养专业人才。由此可见，专业教育对于创新创业教育来说是必不可少的。要达到创新创业教育的目的，就必须借助专业教育来对学生进行有关知识的教学，培养其创新创业能力。近年来，虽然创新创业教育得到了一定的重视，也正逐步走进我国的高校，但是创新创业教育并未与专业教育融合在一起。一般情况下，我国高校在不改变原有课程体系的基础上，以选修课的形式加入一些与创新创业相关的课程，这些课只是表面上附着在高校普通教学体系中，与专业教育严重脱离。由于我国还处于创新创业教育发展的初级阶段，并没有形成完善的课程体系，也缺乏本土化的教材，因此创新创业教育很难融合到专业教育中来开展教育活动。此外，我国高校的创新创业教育，要么仅限于教授理论知识，缺乏实践和应用的层面；要么止步于技术操作层面，难以培养时代所需的创新型人才。鉴于我国国内的现实状况，我国已经开始探索将创新创业教育与专业教育融合的难点领域，必须加快教育改革的步伐、转变教育理念、更新教育目标、完善课程体系、改良教学内容。

4. 创新创业教育课程体系不完善

从狭义上来讲，课程体系决定了某一专业开设课程的门类和顺序，决定了学生的知识结构；从广义上来讲，学校对人才进行培养主要依托的就是课程体系。课程的目标、内容、结构、实施以及课程的评价共同构成了学校的课程框架，使得学生在学习的过程中能够逐步获得知识、提升技能和素质。我国创新创业教育课程体系的建设还处在理论研究层面，高校的创新创业教育普遍存在不完整的情况。

从纵向来看，我国的创新创业教育只出现在高校，没有贯穿学生教育的全过程，使得我国人才培养链不完整。创新创业起步较早的美国已经具备一套完整的课程体系，学生从基础教育、初级教育直至高等教育阶段都得到了创新创业的教育。从横向来看，我国创新创业教育课程体系存在一个不容忽视的问题，那就是多数的高校仅仅将创新创业教育作为解决就业的工具，而不是真正把它当作一种培养学生创新创业知识、能力和综合素质的方法；课程内容没有完整的知识体系，与专业教育脱离，课程内容只涉及创新创业理论知识，不包含对学生创业意识、创新精神、创新能力、创业能力的培养；课程结构也同样不合理，不仅课程开设比例低，而且所开设的创新创业教育课程没有必修课，且实践课程偏少，基础课程不足；在课程实施上，大部分高校没有专业化的师资队伍，而由处在创新创业教育学科边缘的教师教学，教材的编撰和选取没有根据时代的发展要求与时俱进，也缺乏本土化色彩；高校大都采用期中考核、期末考试的方式来对教师教学效果和学生学习效果进行评价，评价方法单一，达不到课程评价的目的。

三、我国高校创新创业教育的突破

针对我国高校创新创业教育实践中出现的问题，我们必须在理论和顶层设计上完善相关问题。

（一）明确创新创业教育的目标

创新创业教育要求其具有独立目标，并需要关注教育本身独特的价值。创新创业教育教学活动的开展，同样也要求学校必须确立创新创业教育目标，同时这也是帮助高校理解其培养目的并确保其属于教学和培训方案的重要一环，是设置创新创业教育课程内容、教学方法、授课形式和评价体系的重要依据。创新创业教育的目标应该根据其产生的原因和具备的特征围绕国家、社会、经济和个人发展的需要来制定。由于我国高校的创新创业教育发展不成熟，所以在设置目标时，应包括战略目标和具体目标。战略目标是我国创新创业教育自身发展所要达到的目标，而具体目标是高校在具体实施创新创业教育活动时要达到的效果。战略目标对具体目标具有指导意义，具体目标的制定必须要完全符合战略目标的内容。

首先，在战略目标上必须坚决贯彻中央部署。在2015年5月，国务院办公厅发布了《关于深化高等学校创新创业教育改革的实施意见》，该文件详细规定了未来5年我国高校创新创业教育的宏观目标，涵盖教育理念、教育制度和教育体系等多个方面。《意见》要求"2017年取得重要进展，形成科学先进、广泛认同、具有中国特色的创新创业教育理念，形成一批可复制可推广的制度成果，普及创新创业教育，实现新一轮大学生创业引领计划预期目标。到2020年，建立健全课堂教学、自主学习、结合实践、指导帮扶、文化引领融为一体的高校创新创业教育体系，人才培养质量显著提升，学生的创新精神、创业意识和创新创业能力明显增强，投身创业实践的学生显著增加"。该意见制定了我国高校发展创新创业教育的"两步走"战略目标，即2015年到2017年，初步形成正确的教育理念，让创新创业教育在高校中普及；2015年至2020年，形成完善的创新创业教育体系，使创新创业教育的效果明显增强。

其次，在设立具体目标时必须关注可行性和实际效果。高校的创新创业教育旨在培养具备创新精神和创业能力的人才。就全局性战略、经济增长和个人综合发展的要求而言，创新创业教育的任务是培养新型的创新型人才。创新创业教育的具体目标就是要培养创新型人才，在设置目标时就要考虑到什么样的人才是创新型人才、创新型人才应该具备什么素质和能力，并根据这些问题进一步把具体目标进行细分，使目标具有整体性的同时又具备可实践性。起初，我国开展创新创业教育具有明显的功利性，只是引导大学生创业去做企业家，但盲目创业必定导致成功率的降低，所以科学性是高校开展创新创业教育的重要前提。将对大学生创新创业能力与品质的培养放在第一位，从而激发其创造性。同时，大学的创新创业教育目标设定应具备灵活的特性。高校可以根据时代的发展和学生的个性特征及时对创新创业教育目标进行调整，确保创新创业教育的发展可以与时俱进。

最后，创新创业教育目标的设置虽然有至关重要的作用，但是最重要的是目标的实施，要将其充分地贯彻到教学内容、教学方法、教学过程和教学评价的整个教学体系中去。创新创业教育的目标并不是一成不变的，实践是检验真理的唯一标准，在实施中不断检验目标设置的合理性，如存在不合理的情况应及时调整。

"互联网+"时代的到来,使高校在设置创新创业教育目标时应把互联网信息技术、互联网创业基础知识和互联网思维的运用纳入目标中。

(二)明确创新创业教育的内容

要想成为创新型人才就必须具有创新创业意识、创新创业精神与创新创业能力,具备创新创业知识,并表现出创新创业素质。这意味着创新创业教育主题已经被确立,也契合了高校创新创业教育目标需要。创新创业教育内容设置的是否科学、合理,直接关系到高校创新创业教育实施效果的好坏,它是创新创业教育的重要组成部分。高校创新创业教育的内容主要体现在教材选取和课程安排上,并且要采用课堂授课和实践活动相结合的教学方法。所以,创新创业教育的内容设置不是孤单的一个模块,而是高校创新创业教育体系的一个关键环节。

1. 创新创业意识

意识具有浓厚的主观色彩,是对客观世界的主观反映。人的思维意识支配着人的行为,创新创业意识是人们对从事创新创业行为的一种心理倾向。大学生内在的驱动力是创新创业意识,这种意识促使他们投身于创新和创业活动。这种能力的培养需要注重激发学习者的创新创业思维和能力,并通过实践环节锻炼学习者的创新创业实践能力。此外,创新创业意识的培养还需要注重培养学生的创新创业自信心、文化意识、动机、兴趣理想、人生观和世界观等心理成分。经过传统的教育模式培养出来的大部分大学生思维意识过于传统,在毕业后按部就班地找工作,缺乏创新性行为。创新创业教育就是要激发大学生潜在的、实现自我价值的需要,并结合自身的兴趣树立崇高的社会理想。培养出创新创业意识是一个长期渐进的过程,不可能一步实现。高校可以以创新创业优秀人士的成功案例作为课程教材,吸引大学生对创新创业活动的注意,来激励和鼓励学生的创新创业精神,激发他们的创造力和创新意识;还可以通过实践教学让大学生品尝到成功的乐趣,培养他们对创新创业的兴趣。高校对大学生的正确引导可以激发大学生创新创业的动机,进而就可能使其转变成创新创业行为。

2. 创新创业精神

创新创业活动具有很强的实践性,其本身也具有极大的不确定性。大学生在创新创业过程中会面临很多困难、挫折和竞争,此时,他们将面临巨大的心理压力，而能让他们坚守创新创业道路的就是创新创业精神。创新创业精神的内容丰富，包括创新精神、冒险精神、合作精神、竞争精神、勇于进取的勇气、坚持不懈的顽强毅力、不怕失败的挫折意识和吃苦耐劳的精神等。高校创新创业教育的重要任务之一是培养学生的创新创业意识和能力。高校在向大学生传授创新创业相关知识与技能时，可以采取挫折教育的教育方式，培养他们面对挫折的勇气、毅力和能力，激发他们的潜能。在教育实践中，教师要尊重学生的个性特征，承认他们与众不同的性格特点，鼓励他们打破常规，培养学生的创新精神。对大学生创新创业精神的培养应该体现在教育活动的方方面面，使大学生创新创业精神在教育和实践中得到提升。

3. 创新创业知识

大学生自主创新创业需要有大量创新创业知识做基础。高校的主要使命就是向大学生传授创新创业的知识。有学者认为，创新创业教育是一门交叉学科，其涉及的知识范围非常广，不仅包含创新创业的基本理论知识，还包含管理学、经济学社会学、市场营销和计算机信息技术等在内的多种学科和专业的理论知识。在创新创业活动中还会涉及国家政策和相关法律知识，这些都是创业者必须具备的知识。创业者要想在市场上有一席之地，就必须有自己的核心竞争力。它可以是一件产品，也可以是一种科学技术。创业者还要有把握市场规律、成功预测市场发展方向、科学决策以及整合资源的本领，这些都是通过对相关知识的学习才能转化过来的能力。创新创业教育就是要通过系统、合理的课程安排，让学生在学习的过程中形成网络知识结构。

4. 创新创业能力

创业活动是经济领域中的真枪实弹，处处充满了竞争。大学生要想在创新创业实践中取得成功，不仅需要强烈的愿望、良好的心理素质、丰富的知识基础，更重要的是要有很强的创新创业能力。创新和创业都是创造性的行为，从个人创新与创业的角度来说，这是一个极大的考验。创新创业活动能否顺利实施，有赖于大学生创新创业能力的培养，这是一个极其重要的要素。创新创业能力有高有低，直接关系到大学生开展创新创业实践行动能否取得有效的成就。创新创业能力涉及诸多方面，包括发现商机的能力、领导管理的能力、市场营销的能力、有效交流的能力、良好的公关能力、全局把控和决策的能力等。这几种能力综合起来，才是一名成功创业者所必须具备的综合能力。这些能力有的是与生俱来的，但更多的是通过后天训练而获得或提升的。创新创业教育担负的重要责任就是对大学生创新创业能力的提升。高校要把学生被动地接受知识的方式转变为引导其主动地获取知识的方式，通过学生自主学习，加之对学生各方面的综合锻炼，可以培养他们发现、分析和解决问题的能力，从而提高他们的综合素质。高校还应该更多地打造实践平台，增加学生的实训课程，注重对学生能力的训练，将专业知识转化为学生内在的能力。教师在课堂上多采用分组讨论、头脑风暴、情景模拟等教学方法，通过提高学生的参与程度，激发学生的潜能，提升学生的能力。

5. 创新创业品质

品质是指人的行为举止所表现出的人的思想、品性等的本质。品质有好坏之分，但倘若要开展高水平人才的培养，就必须开展品质教育，因为品质教育有助于大学生的长期成长和可持续发展。创新创业品质是创新创业教育对大学生提出的高水平要求，要求培养学生们具备创新创业方面的素质，主要表现为大学生在创新创业过程中的素质和道德水平。良好的创新创业品质是创业者在创新创业道路上走得长久的保障。创业者良好的创新创业品质表现在产品或服务的质量、积极乐观的态度、自我控制能力、对法律的遵守、强烈的社会责任感和无私奉献的精神等方面。创业者一旦超越了对利益的追求，就会寻求一种自我实现的满足，在自己创业成功的时候不忘给他人提供帮助，为社会做贡献。在创新创业教育的全过程中，高校要注意营造良好的环境，让教师以身作则，传播积极情绪，帮助大学生树立科学的人生观和价值观，培养他们的责任感和企业家精神。

以上五个方面的内容组成了创新创业教育的基本内容框架。高校在对学生开展创新创业教育时需要将对学生们的创新创业意识、精神、知识、能力和品质的培养同时进行，不能分割开来单独培养。高校在安排课程、选取教材和教学方法时应该让它们相互融合、相互渗透。

四、创新创业教育的实践探索

当前随着创新创业教育改革的持续推进，各个省份和高校都在开展对创新创业教育的实践探索，认真学习贯彻习近平总书记关于教育的重要论述。高校应当认真执行党中央和国务院的决策安排，在人才培养的整个过程中引入创新创业教育；并持续深入开展对创新创业教育的改革，进而完善教育体系和培养模式；同时建立健全保障机制，以期培养出更多富有创新意识、勇于实践的创新创业人才。当前，我国的创新创业教育已经取得了显著进展，全国很多高校都形成了一套独具特色的创新创业教育模式，下面以杭州师范大学为例，具体介绍其创新创业教育模式。

近年来，杭州师范大学深入贯彻落实国家"大众创业、万众创新"的战略和高校创新创业教育改革的部署，加快培养创新创业人才，努力凝练创新创业"杭师系"品牌，并取得了明显成效。在全校师生的共同努力下，杭州师范大学成为首批"全国创新创业典型经验50强高校"、首批"全国深化创新创业教育改革示范高校"，并且是"国家级大学生创新创业训练计划实施高校""全国高等学校创业教育研究与实践先进单位"。

（一）创新创业教育的工作举措

杭州师范大学地处杭州城西科创大走廊腹地，紧邻浙江海外归国高层次人才创业园、阿里巴巴集团等创新创业高新人才集聚区，深受创新创业氛围的熏陶。师大人对"大众创业、万众创新"有着更深刻的理解，因此创新创业教育成为学校"转型发展创一流"的战略选择。

1. 推进转型发展，确立创新创业战略

在新的发展阶段，学校积极推进由师范类院校向综合性大学、由教学型大学向教学研究型大学、由普通高校向一流大学的转型，进一步提升学校的综合办学水平和核心竞争力，将创新创业教育纳入学校的发展战略，将实施创新创业教育工程作为党代会报告、"十三五"规划提出的"七大工程"之一，以创新创业助推转型发展创一流、以创新引领创业、以创业促进就业，积极探索地方高校创新创业的教育模式。杭州师范大学成立学校创新创业工作领导小组，由校党委书记、校长任组长，由分管学生工作副书记、分管教学工作副校长任副组长，出台《关于加强大学生创新创业教育工作的实施意见》，明确五年目标和各年度任务，提出17条具体措施，切实将国家和省市的重要部署落到实处。

2. 改革培养模式，推进创新创业教育

（1）调整人才培养方案

学校除了抓好师范传统特色教育外，根据地方主导产业和战略新兴产业的需求调整专业设置，把创新创业教育纳入人才培养方案，将培养创新精神、创新创业能力作为实施"应用型人才培养提升计划"的目标，重点建设2—3个创新创业试点学院、15—20个新兴应用型专业。2015年，2个试点学院和5个应用型专业群被列为浙江省首批应用型建设示范点。学校主动了解地方经济社会发展和产业需求，并借此调整学科专业结构，实行预警和退出管理制度。此外，还建立了以市场需求为重心的学科专业和以创业、就业为目标的人才培养体系，深化校政企协同育人改革。与杭州市委宣传部合作举办文化创意学院，培养文化创意人才；与阿里巴巴集团合作举办阿里巴巴商学院，培养跨境电子商务、国际商务人才；与微软、IBM合作举办国际服务工程学院，培养服务外包人才。2014年，学校"四位一体、六维协同"的人才培养模式获国家教学成果二等奖。

（2）实施教育教学改革

学校实行弹性学制，建立创新创业学分累计制度，开展"3+1"创新创业教育改革，试行以创新创业实践代替毕业实习、以创新创业项目代替毕业设计的模式；完善创新创业教育课程体系，在通识课程中专设创新创业教育课程（群），面向全体学生开设公共必修课《大学生创新创业基础》，同时为具有较强创新创业能力的学生定制《企业模拟经营》《创业实务与管理》等实践课程，实行精英化训练，实行结业证书可认定学分的举措。学校相继编写出版7部创新创业类专业课程教材，这些教材已被全国多所高校使用。其中，《电子商务服务》《网络金融服务》被评为"十二五"国家级规划教材；《网络零售》被评为国家级精品课程。学校还加强了创新创业师资队伍建设，鼓励百名教师"进企入园"见习，同时积极引进具有企业经营管理经验的人才到校任教或指导创业。

3. 加强资源整合，发挥创新创业优势

（1）加强校外资源整合

学校发挥地处杭州城西科创大走廊腹地的位置优势，积极与毗邻的阿里巴巴集团、未来科技城（海外归国人员创业园）、梦想小镇等合作，建设浙江省高校产学研联盟创新创业人才培养基地和梦想驿站等，深化产学研用结合。现在已有7个学生创业项目入驻梦想小镇众创空间。学校还发挥以马云为代表的企业家校友的优势，弘扬创新创业文化交流，在百名创业导师以及社会企业家的帮助下，助力学生创业，并积极争取杭州市关于大学生创新创业的一系列政策和经费支持。

（2）加强校内资源整合

在杭州师范大学，马云教育基金设立每年100万元的大学生创新创业专项经费；"攀登工程"专设创新教育项目经费267万元，为毕业两年内留杭自主创业的学生提供住宿等支持。[1] 学校还改革教师评价考核方式，对创新创业指导教师进行工作量计算，并将其作为教师评聘高级别岗位的优先条件。此外，学校将学生创新创业教育工作纳入部门和学院的绩效考核中，同时对学生的评价考核方式加以改革，使其更加注重评估创新创业能力及成果，并在奖学金评定和学生荣誉评选中加大学生创新创业成绩的占比，同时优先支持有创新创业经历的学生转专业。

4. 强化平台建设，助推创新创业实践

（1）创新创业教育平台建设

学校于2014年6月成立创业学院，由阿里巴巴集团党委书记任名誉院长、校党委副书记任院长、知名创业校友等任副院长。创业学院以"互联网+"为特色成立创新创业实践教学、项目孵化和成果转化5个中心以系统推进创新创业教学和实践。截至2016年10月，浙江省有97所高校成立了创业学院。创业学院成为高校对学生开展创新创业教育的重要载体和实践平台。[2]

（2）创新创业孵化平台建设

学校于2009年建立大学生创业园。经多年发展，大学生创业园初步形成"一园二区五中心"的格局，建筑面积达7500余平方米。2015年，创业园获批成为杭州市大学生创业园，并获市财政100万元的资助。创业园已累计孵化大学生创业企业187家，处于孵化过程的有63家。2015年，创业园销售额达7000余万元。[3]

（3）创新创业实践平台建设

学校大力加强校内外实训实践基地建设，共建立15个校内实训示范基地和20个校外实践示范基地，现有国家级实验教学示范中心2个、国家级大学生校外实践教育基地1个；[4] 开放校内实验室，实施本科生科研导师制；将杭州师范大学

---

[1] 许占鲁，姜杰凤. 论马云的榜样激励在杭州市大学生思政教育中的作用 [J]. 浙江交通职业技术学院学报，2009，10（1）：3.
[2] 张一持. 杭州市成立大学生创业学院 [J]. 杭州，2012（5）：1.
[3] 周曦，张赵根. 第12个市级大学生创业园 [J]. 杭州（周刊），2013，07（272）：85.
[4] 钱波姚，佩兰. 杭师大科技园：全链条、多载体推动成果孵化 [J]. 杭州科技，2022，53（5）：25-27.

科技园、杭州未来科技城、"梦想小镇"等作为学校创新创业实践教育平台；大力扶持创新创业型学生社团建设，每年组织科技文化节。

（4）创新创业竞赛平台建设

当前，学校将创新创业训练和竞赛视为推进创新创业教育的主要方式，坚持以项目带动学生创新创业实践，指导学生积极申报"国家级大学生创新创业训练计划项目""浙江省新苗人才计划项目"。自2010年以来，学校培育了挑战杯大学生创业大赛全国金奖5项、银奖3项，全国"互联网+"大学生创新创业大赛银奖4项、铜奖2项。学校是浙江省"互联网+"大学生创新创业大赛的秘书长单位，从2015年开始已连续承办两届赛事。[1]

5. 优化育人环境，营造创新创业文化氛围

（1）充分发挥典型示范效应

学校良好的创新创业文化环境对人才培养具有很好的教化作用、导向作用和激励作用。学校秉承开放、包容、大气的文化传统，加强创新创业精神宣传，弘扬创新创业正能量，营造良好的创新创业氛围，激励更多的学生大胆创业、勇于创新。学校重视发挥知名校友马云的示范效应，发掘树立大学生创新创业先进典型，让创新创业者成为当代大学生的楷模和骄傲。自2009年以来，学校有4名学生当选"浙江省十佳大学生"，2名学生当选"浙江省最美青春校园人物"。[2]

（2）充分发挥知名校友优势

除了互联网领军人物马云，杭州师范大学还有许多知名校友从事文学创作。他们中有出版小说《网络英雄传Ⅰ：艾尔斯巨岩之约》的郭羽，有出版著作《互联网思维到底是什么：移动浪潮下的新商业逻辑》的项建标，有出版著作《互联网时代的金融创新》的王文革。学校充分发挥校友企业家的优势，建立了由上百位知名校友企业家组成的创新创业教育智库。学校实施"师友计划"，为创业学院的学员安排专业的创业导师，协助学生们全面提高创新创业意识，拓宽创新创业视野，增强学生们的创新创业能力。

---

[1] 杭州师范大学.省教育厅网：杭州师范大学：把创新创业教育融入人才培养全过程[EB/OL].（2016-09-19）[2022-02-10].https：//www.hznu.edu.cn/c/2016-09-19/840396.shtml.

[2] 中国教育在线.最美青春！浙江省第四届"十佳大学生"名单出炉[EB/OL].（2015-06-09）[2023-02-10].https：//www.eol.cn/zhejiang/zhejiang_news/201506/t20150609_1270514.shtml.

（3）充分发挥制度激励作用

学校建立健全系统完备、科学规范、运行有效的制度体系，在政策导向上激励创新，将资源资金及保障条件向创新倾斜；修订《学生奖学金评定办法》和《学生学科竞赛管理办法》，加大对学生的扶持和奖励力度，在奖学金评定及各类学生荣誉评选中，充分体现对创新创业能力及成果的重视；提高大学生创新创业工作在各部门和学院绩效考核中所占比重；把指导学生创新创业作为教师评聘岗位和晋升职务的条件。

（二）创新创业教育的经验借鉴

杭州师范大学目前正在积极探索以创新为引领的创业教育模式，凝练以互联网为特色的创新创业"杭师系"品牌，努力为地方高校、师范院校提供可借鉴的经验。

1. 紧密结合学校人才培养定位

地方高校的重要使命之一就是为当地经济社会发展服务。地方高校应该主动适应地方经济社会发展的需求，推出符合地方特色的学科和专业，培养各级别的应用型人才，培养出更多地方发展所需要的专业人才。因此，地方高校必须要对自身的定位有一个清晰的认知，在对地方进行深入的考察过后，结合自身的具体情况，打造出一套能够服务于当地的创新创业教育培养体系，只有这样高校才能为地方提供人才上的支持，才能源源不断地获得地方在资金以及政策方面的支持，促进高校的发展。

2. 积极创建多方协同育人机制

地方高校要高度重视创新创业资源与要素的集聚，推进政府、企业等社会力量与学校创新创业教育的协同育人机制建设，从创新创业的教育引导、课程建设项目孵化和成果转化等多方面开展深入的产学研合作，同时对高校创新创业体系进行改革，建立健全一套完整的创新创业鼓励及帮扶体系。学校还需要整合校内的资源，充分发挥其潜能，对职能部门和专业学院进行全责划分，进而形成各司其职、团结协作的共同管理格局，形成共同关心、支持创新创业教育和学生创新创业的良好生态环境。

3. 要善于利用"互联网+"思维

互联网的创新发展，不仅仅是一次技术的革命，更是一场思维的革命。"互联网+"改变了我们的生活方式,也颠覆了我们的思维方式。"互联网+"将互联网的创新成果深度融入经济社会各领域,催生新兴业态。在"互联网+"的背景下,地方高校创新创业教育必须在理念、目标、方法、途径和载体等诸多方面进行创新发展。学校不能仅把互联网看作技术、平台,更应该将其看作一种观念和思维方式。学校既要利用互联网技术手段和信息平台开展创新创业教育,又要通过创新创业教育培养"互联网+"思维和"开放、平等、协作、分享"的互联网精神。

第二节　我国大学生创新创业教育的发展趋势

当下,我国已经迈入了实现第二个百年奋斗目标的新征程,全国各族人民都在集中力量实现中华民族的伟大复兴,在这一历史进程中,创新扮演着无可替代的重要角色。为了实现更高质量、更有效率的可持续发展,国家不断重申科教兴国战略、人才强国战略和创新驱动发展战略的重要性。建设创新型国家是这些战略的核心目标,这就需要通过推动创新,实现质量、效率和动力的变革。为了实现高质量发展所需要的创新驱动,就需要高校培养出具备创新创业能力的人才。经过长期的理论研究和实践探索,高校创新创业教育已经积累了丰富的经验和成果,但同时,当前高校创新创业教育也面临着很多更为紧迫和苛刻的新挑战,因而必须在未来的发展中改变策略。据此推测高校创新创业教育的发展趋势将出现以下变化趋势。

一、教育地位更加突出

在未来,高校的创新创业教育重要性将更加突出,其战略地位也将会不断地提升。2020年9月11日,习近平总书记在科学家座谈会上的讲话中指出:"加强创新人才教育培养。人才是第一资源。国家科技创新力的根本源泉在于人。十年树木,百年树人。要把教育摆在更加重要位置全面提高教育质量,注重培养学生创新意识和创新能力。"[1]总书记明确要求加强创新创业教育,其地位必然更加突出。

---

[1] 中华人民共和国中央人民政府.习近平:在科学家座谈会上的讲话[EB/OL].(2020-09-11)[2023-02-12].https://www.gov.cn/xinwen/2020-09/11/content_5542862.htm.

在第二个百年奋斗目标的新征程中，国家将实现高质量发展列为工作的重点内容，强调创新正是实现高质量发展的重要动力，是推动高质量发展的核心动力和第一动力，扮演着重要角色。因此，"大众创业、万众创新"已经成为社会一致认同的理念。在当前社会环境下，随着创新地位的不断突出，创新创业教育的重要性也在不断上升，其需要支持国民经济发展，并培养更多、更高水平的创新创业人才，以实现教育强国和人才强国的目标，并在创新型国家建设中发挥更为重要的作用。2018年，国务院发布了《国务院关于推动创新创业高质量发展打造"双创"升级版的意见》，其中精确指出："我国经济已由高速增长阶段转向高质量发展阶段，对推动大众创业、万众创新提出了新的更高要求"，在强化大学生创新创业教育培训中提出："在全国高校推广创业导师制，把创新创业教育和实践课程纳入高校必修课体系，允许大学生用创业成果申请学位论文答辩。支持高校、职业院校（含技工院校）深化产教融合，引入企业开展生产性实习实训。"创新创业教育上升为国家推动的层面，其地位必须更加突出。

二、教育面向更加全面

教育部多次发文强调创新创业教育要面向全体学生，全国的各类高校也都在努力通过各种方式贯彻落实该理念。当下，高校创新创业教育将会更加全面，而且会面向全体学生、面向人人。

（一）面向全体学生的教育

教育部提出"创新创业要面向全体学生，融入人才培养的全过程"[①]，这不仅要求高校的创新创业教育需面向全体学生，而且还要求其需要按照不同的需求分类施教、结合专业开展教育，同时注重实践操作。这一要求旨在将创新创业教育贯穿于人才培养全过程，以期为社会培养出更多具有创新创业能力的人才。当下，很多高校都将创新创业教育课程划分为必修课和选修课，并使这些课程面向全校师生，在未来其定将彻底覆盖全校每一名师生。高校也应当让创新创业教育渗透到教学全过程和各个方面，让每一名学生都接受创新创业教育。

---

① 中华人民共和国教育部.教育部关于大力推进高等学校创新创业教育和大学生自主创业工作的意见[EB/OL].（2010-05-13）[2023-02-15].http://www.moe.gov.cn/srcsite/A08/s5672/201005/t20100513_120174.html.

（二）面向人人的教育

联合国教科文组织提出教育要面向人人，高校创新创业教育也应该面向人人。李克强总理在 2014 年 9 月夏季达沃斯论坛上提出"大众创业、万众创新"，这个词经常被李克强总理在多个场合强调，包括首届世界互联网大会、国务院常务会议和 2015 年《政府工作报告》。这个理念要求高校对每个人都要进行社会责任感、创新精神、创业意识和创业能力的培养，带动社会上的创业浪潮。这同样也会促使高等教育将变得更加开放，并促使更多的文化元素融入创新创业教育之中，向社会开放。在当前的互联网浪潮之下，通过开展线上教学课程，可以广泛实现在线化教育，开展面向在校学生和社会人群的创新创业教育。

三、教育理念更加适应

高校的创新创业教育理念将更加贴合当代社会的需求和发展趋势。创新创业教育理念下的人才培养模式和培养体系必将成为高等教育改革中的重点。在最新教育理念的指导下，高校将以积极主动的姿态为国家的创新驱动发展提供服务，并主动适应高质量发展的新趋势。在此背景下，高校需要进一步强化对创新创业教育的重视程度和投入力度，从而更好地实现自身的使命与担当。在未来，"大众创业、万众创新"将被广泛应用，师生们也将共同认可"人人可创新，人人可成才"，而"全域教育、全程教育"也将成为创新创业教育实施的核心理念。在上述理念的引领下，高校将以习近平新时代中国特色社会主义思想为指导，全面贯彻落实新发展理念、提升创新创业教育水平、深化教育改革、积极推动创新引领创业，从而为就业率的增长提供有力支持。实施创新创业教育，要从战略高度认识其重要性，需要构建系统完备的课程体系，打造高素质师资队伍，营造良好校园氛围；还要以素质教育为主题，以提高人才培养质量为核心，以创新人才培养机制为重点，以完善创新创业教育服务为支撑，全面开展面向所有高校学生的全员、全方位、全课程、全过程的创新创业教育，致力于培养更多具有创新精神、勇于实践的创新创业人才，为建设创新型国家提供技术人才保障。

大学生是推动经济社会快速发展的生力军，在实施"大众创业、万众创新"战略中发挥着重要作用。在教育理念的指导之下，高校需要紧密融合科技、经济和社会全领域，为那些怀揣创业梦想的人们提供共享的创新创业资源，并提供分层次、有针对性的创新思维和创业能力培训；在大学生中普及创业知识，提升学生自主创新能力，并加强学生与社会的互动与协作，促进创新创业事业的蓬勃发展。随着我国高等教育体制改革的不断深化，以及大学生就业制度改革的不断深入，创新创业已成为当代青年学生的重要学习内容之一。为了促进创新创业教育的发展，国家和地方政府将推出更具针对性的政策措施。在这种形势下，高校需要进一步完善对创新创业教育理念的转变及认可，通过加强师资队伍建设、完善人才培养模式、搭建实践教学平台等措施，全面提升创新能力。政府、企业和学校将联手合作，共同优化创新创业教育生态环境，营造出更加有利于创新创业的社会氛围，提升支撑平台的服务能力，从而显著降低创新创业的成本。

在未来几年里，高校要加强对创新创业教育理念的转变，使其能够更加适应当下的环境，加大投入力度，完善创新创业课程体系建设，为大学生提供良好的学习条件和实践机会、提供各种形式的培训，以帮助他们更好地掌握创新创业知识与技能，提升自身综合素质，使其成为具有良好创新能力的人才。同时发挥出创新创业教育的引领作用，采用线上线下相结合的方式，促进产学研用的协同，深度融合校企资源，营造一种勇于创新、敢于冒险的创业氛围，激励更多学子投身于创新创业过程中。

四、体制机制更加完善

高校将进一步完善创新创业教育的体制机制，以确保其高质量发展并为其提供必要的支撑和保障。

（一）创新创业教育主体更加明确

随着教育改革的持续深入，在未来，高校会将创新创业教育提升至具有重要战略地位的程度，并会以全域教育理念为指导，对创新创业教育的组织和管理工作进行调整，将创新创业教育纳入人才培养体系，以承担主体责任。

（二）机制更加灵活有效

高校创新创业教育应紧跟时代步伐，把握时代脉络，敢于创新；同时加强对机制的建设，邀请创新创业领域的专家，使其参与高层决策管理，并主导创新创业教育的改革；另外，还应明确各部门的权责，增强各部门之间协同配合的能力，使得创新创业教育保障体系更加完整，从而推动高校创新创业教育管理的现代化。目前，协同育人的发展趋势更加显著，这就要求高校要在政策法规、教育内容、教育方法、评价标准、保障支持等方面进行协同，从而实现政产学研的协同机制。高校应联合政府、行业企业、科研机构等组织，聚合资源，加强创新创业教育的发展。在未来，高校需要更进一步健全创新创业教育及人才培养质量评估机制，并在强化第一课堂与第二课堂有机结合的前提下，着力融入专业教育。健全创新创业教育管理制度，包括对学生开展创新创业项目的扶持与管理、定期开展项目中期检查与成果评价、落实质量管理制度等，以及建成能促使学生参加技能大赛、激发学生积极性的激励系统。同时引入弹性学制让学生可以更加灵活地选课，让学生可以根据自己所需，选择更为适合自己的创新创业课程。

五、教育模式更加创新

在未来，创新创业教育模式将会持续地创新，创新创业教育模式就是依据创新创业理念在具体情境中建立起来的一整套稳定教学流程、途径与策略。有的高校选择建立创新创业学院，建立创业孵化基地，构建创新创业教育系统，这些都是促进创新创业模式向前发展的有益做法。各大院校都在努力使国内外大学创新创业教育经验相融合，打造适应当下社会环境的新模式，借此逐渐形成了"三位一体"的协同模式，该模式可以促使政府引导、大学实施、企业协作相融合。在该模式下，学校通过对现有教学模式进行改革、优化人才培养方案、不断更新创新创业课程和教材、加强创新创业教育师资队伍建设、搭建实践平台等措施来促进学生创新创业能力的提升；企业通过协同搭建创新创业实训平台对学生进行师资支持以及资金支持，从而推动校企合作的开展，实现协同发展；政府采取制定政策、提供经费、搭建实训平台的措施促进教育的发展。

六、课程体系更加完备

在未来，创新创业教育的课程体系将持续完善，进一步完备。高校将不断对创新创业教育课程体系进行改革，以符合人才培养定位和创新创业教育的目标要求，同时还要与地方经济发展需求相适应。通过对创新创业教育课程的改革，促进专业课程与创新创业教育课程的融合，并对现行的人才培养计划进行调整，对原有的专业课程设置进行优化，增加创新创业专项课程，挖掘各类创新创业教育资源，进而实现在传授专业知识的同时可以开展创新创业教育。这些课程还会被纳入学分管理，建设成一套科学且完善的创新创业教育课程体系。随着电子信息技术的迅猛发展，高校将加快推进创新创业教育的信息化建设，提供一系列的在线课程，如视频公开课等；还可以设立一个在线课程学习认证和学分认定机制，实现资源共享。在对原有的创新创业课程体系进行改革的过程中，应以学生为中心，并且以创业、就业为导向，将创新创业教育与专业教育深度融合，同时还应该考虑到不同学年阶段的学生的知识基础和学习需求，安排适合其学年阶段的课程，最终构建出一个多层次、立体化的创新创业课程教育体系。

第三节　我国大学生创新创业教育的展望

在经济转型的新形势和"互联网+"的大背景下，要突出自主创新的效力，高等教育必须牢牢把握科技创新、结构调整和制度创新的维度来培养学生，需要将科技与创新创业教育相融合，帮助学生在受教育期间形成全新的竞争性思维。

创新创业教育是一个需要全社会共同参与的复杂项目。要实现其目标，需要完善相应的创新创业机制和创新创业教育体系。因此，需要进一步改进高校的创业教育，并建立一套学校、政府和社会共同合作的、科学有序的、高效优化的创业教育运行机制和体系，这是实现创业教育目标的关键。

一、改革我国创新创业教育理念与体系

仅靠大学阶段是无法完成培养创新创业精神全过程的，应该从孩子时期就开始注重培养其创新创业精神。在教育的早期就培养学生独立自主、勇于挑战、善于质疑和创新的个性，让学生接受具有创新创业理念的教育，并通过锻炼实践动手操作能力的方式对学生进行训练。只有这样的培训，才能为大学的创新创业教育奠定坚实的基础，从而确保高校的创业教育顺利且有效地实现。

（一）转变教育思想，变"适应性教育"为"创造性教育"

我国的教育长期以来一直强调"适应性教育"的重要性。目前，学校教育仍

然主要采用应试教育模式，这种传统教育的缺陷十分严重，不仅扼制了青少年创造力的发展，还阻碍了教育改革的进展。因此，教育改革必须着眼于解决这一核心问题。只有改变这种教育现状，才能为创业教育的生长和发展奠定基础。因此，学校需要转变教育理念，注重学生的个性发展，认可青少年兴趣爱好的多样性；还应该为孩子们提供宽松的环境，鼓励他们自由成长，接受其差异性，培养学生积极探索、独立思考、勇于挑战和表现自我的精神；同时，学校也要注重培养他们敢于质疑的精神。

（二）深化高校教学改革，构建现代创新创业教育模式

如果没有教学改革的强力支持，那么创新创业教育就只能在理论上存在，无法被真正实现。依据潘懋元教授的论述，我国的高等教育存在一个难以克服的缺陷，那就是缺乏创新意识与实践能力，或是缺乏创业意识和技能。因此，为了能够使高等教育更好地完成教学目标，需要在课程设置、教学方法以及考试内容和方法上下更多的功夫[1]。教学改革是一项复杂且烦琐的工作，而构建现代化的创新创业教育模式是这一工作的一个价值取向。

高校应该积极推进创新创业教育课程的改革，融合管理学、心理学、社会学、文化学、人才学、政治学、经济学、法学、组织行为学等学科领域的知识，设计开发内容多样且广泛的创业教育课程。这些课程应该采用现代化的教学方式和课程体系，融合相关学科的内容，为学生提供更多的选择机会，全力打造高质量的创新创业教育课程，培养符合社会需求的复合型人才。加强实践教学，推行"第二课堂"活动，设立创业指导中心和社团，并进行创业模拟演练，同时组织学生们参加创新创业大赛，将多样化的创新创业理论应用到不同形式的活动中，以激发学生的创新激情，培养创新能力。同时，也需要尊重学生在教育中的主体地位，并满足其自主要求。

高校需要在教学方面进行改革和创新，特别是针对创业教育中的"第一课堂"，改变过去"灌输"和"死记硬背"的教学方式，转而采用案例教学、讨论式教学、参与式教学和实践性教学等方法，以期达到更好的教学效果。因此，学校还需要改变以往的考核方式，构建一个适合于当下的创新创业考核体系。考核

---

[1] 潘懋元. 潘懋元论高等教育 [M]. 福州：福建教育出版社，2007.

体系的主要目的是测试学生的综合能力,同时这个考核体系还需要能够对教师的教学过程进行分析,量化学生的学习效果及教师的教学水平。此外,创新创业教育的教学保障体系也需要被持续关注,而且还需要继续增加资金用于提高创新创业教育教师的培训力度以及引进"双师型"教师。这些举措有助于创新创业教育教师从传统的"授课型"教师向更具综合素质和多重技能的"双师型"和"多师型"教师转型。高校还需要解决创新创业教育人员的编制问题,完善高校创新创业教育制度,加大投入资金,注重培养学生的创新创业意识、技能和实践能力,建设实体化,注重创业项目和成果转化的孵化基地,同时加强创新创业教育软硬件建设;最终建立一个开放的学生管理模式,创造一个鼓励学生个性发展、保持开放和宽松的教学环境。

(二)优化大学生创新创业教育在中国的路径

从当前学界对创新创业教育的试验和实践上来看,创新创业教育可以被分为两种主要路径,分别是课程教学和实践活动。大学生创新创业教育的核心问题在于如何取得最优的教育成果,这需要对教育路径进行组合和优化。要想优化就需要坚持三个原则:一是目的性原则,结合创新创业教育的目标设计路径,同时要体现抓主要矛盾和矛盾主要方面的思想,在承认每一种途径多重功能的基础上突出其核心功能;二是系统性原则,不能孤立看待各个途径,要整体把握设计,注重各途径间的逻辑和相互联系;三是可行性原则,既要追求理想的路径设计,又要结合国内外的先进经验,尤其要立足于国内创业教育的发展基础之上。基于以上原则,要想真正地开展好大学生创新创业教育需要做好以下几点。

1.坚持课程与教学改革同步、知识掌握与内化结合

推进创新创业教育实现快速进步的途径之一就是对课程体系进行改革。从宏观视角来看,课程是学生在导师的引领下,所展开的多种活动的综合体,课程在教育活动中承载了教学目标、知识内容以及实施过程等方面。从微观视角来看,课程主要涉及学科课程,而且所涉及的是限定范围下的教学内容。通常认为,课程就是教育的关键所在,直接关系到教育所能取得的成效,它就像教育的心脏一样至关重要。对于创新创业教育,其核心问题依旧与课程有关,需要研究如何才能设计好课程。创新创业课程建设的核心包括以下两个方面。

（1）改革现有课程体系

改革现有课程体系，使其最大限度地发挥作用，其主要改革的目标是实现三个转变。

①从知识中心向内化中心转变

传统的课程往往是以知识为核心的，这种课程只注重教授某个特定领域的专业知识。在大学课程中，课程结构和内容都直接关联到知识的内在逻辑和内容。课程的主要目的在于让学生掌握和记忆这些知识。但是，知识本身并不能带来创新，只有当学生将其内化为自己的知识后，知识才能与创新密切相关。为了帮助学生建立起良好的认知体系，在制定课程目标时不应仅考虑知识结构，更应考虑学生的心理结构，确保课程结构与学生心理相匹配。

②从学科化向综合化转变

现在的课程都以学科为基础，按学科划分，因此知识被分割得过细。好的课程能适应社会、时代及科技发展需求。当今时代，重大科学技术创新需要高度分化基础的、具有高度综合性的知识，技能创新往往产生于各学科的交叉领域，单靠某一学科已经很难实现大的创新和进步。创新创业型人才不会是仅仅掌握单一学科的人，而是拥有综合化知识结构的人。为了实现这个目标，需要在课程的设置上打破单一学科的限制，弱化不同学科之间的壁垒，注重学科之间的交叉融合和渗透。

③从限定性向选择性转变

在创新创业教育中，有一个重要的思想，那就是将选拔人才的决定权交给学生。当下，我国的创新创业课程设置缺乏个性化，同一个专业的学生都接受相似的教学内容。这种教育模式造就的学生是"套模板"的一代，毫无个性可言。正如富尔在《学会生存》一书所说，这样的教育"能扼杀创造性"。因此，要对当下的课程体系进行改革，实行选修制度。除了开设必要的专业课程外，还应最大限度地让学生按照自己的兴趣选择课程，鼓励他们形成独特的知识结构。

（2）新建必要的创新创业教育专门课程

当前学界对创新创业课程具体要设置哪些科目还存在很大的争议，目前的看法是，应当遵循四个原则来完善创新创业教育课程的建设。

①坚持学科站位

在国外，创新创业教育已经成为一门独立学科。要想深入系统地研究创新创业教育、构建完善的理论体系、培养大量专业人才、以科学的方式推动创新创业教育的发展，必须将创新创业作为一个独立的学科来进行研究。

②层次性

学生在不同的高校、学历层次和年级阶段都会呈现出独具特色的身心特征和知识能力水平，因而面临着各自不同的发展主题。为了增加创新创业知识和提高创新创业能力，教育课程必须考虑到学生之间的这种不同发展特点和成长需求，以更好地开展创新创业教育。因此，我们需要定制不同的课程，以满足不同类型学生的需求，从而实现创新创业知识和能力的不断提升。

③融合性

需要注意将创新创业教育课程与学生所学专业课程进行有机结合，在不同的学科领域探索出独具特色的创新创业教育内容。举例来说，历史学与创新创业课程的结合，可以向学生解释创新创业在人类历史进程中作出的贡献；文学与创新创业课程的结合，可以使学生通过文学作品了解创业者和创业故事；政治学或政治经济学与创新创业课程的结合，可以让学生探讨政府政策对于创业的影响。

④混合性

从学生组织的角度来看，创新创业教育课程还应强调各专业的独特性。在一个创业团队中，每个人的分工都是不同的，每个职位都有其特殊性和独特性。因此，在创新创业教育过程中，可以让拥有不同专业背景的学生一起学习、相互交流，这样可以拓宽他们的知识面，帮助他们了解到更多其他专业领域的新奇创意。

2. 打造"个性化"实践平台，丰富大学生的创新创业经验

大学生创新创业教育所产生的价值与实践教育的具体应用是密不可分的。在高校的创新创业教育中，最核心的一个内容就是对大学生创新创业能力的培养，这在前面已经进行了详细说明。大学生创新创业能力主要是在实践过程中逐渐形成的，个体在实践过程中通过构造与认知等途径形成该能力。只有系统地进行创新创业实践教育，才有可能把有关知识转化为具体的创新创业能力。当前，我们主要从三个方面来充分发挥实践创新创业教育的价值。

（1）把创新创业教育实践融入人才培养的大链条之中

大学生的创新创业水平需要通过实践活动来提高。但是过分强调实践目前也出现了一种问题，即高校为了进行实践而盲目进行实践。虽然建立了形式多样、数量不菲的实践基地，开展了丰富多彩的实践活动，但实践教育却与知识学习、意识培养等相互分离，使得创新创业教育实践的实际效果不甚理想，导致大学生的创新创业教育实践缺乏深度，出现较普遍的表面化现象，从而影响了教育的实际效果。要更深入地发挥实践的作用，需要确定大的教育培养目标，将实践作为大学生创新创业教育体系中的重要部分，并将其合理地贯穿于专业教育和人才培养全过程之中。同时，必须与大学生的学科背景和身心特点等密切关联，设计和开展具有创新和创业性质的实践活动。

（2）进一步细化实践教育平台

建设实践教育平台，是高校有条件展开实践活动的前提。当前，由于国家高度重视创新创业，各级政府、地区和高校都在积极打造实践平台。在此过程中，一些高品质、有影响力的大学科技园、高校学生创业实习基地、实践教学基地等实践平台已经建成。这些实践平台在推动创新创业教育方面起到了非常重要的作用。然而，目前使用的实践平台功能往往不够完善，虽然其适用范围很广，但是其实际使用效果并不尽如人意，因此还需要进一步提高其针对性和实际效果。每个人在创新创业实践上都有着独特的需求，因此个性化的培养方式会更加适用于创新创业教育。为了更好地促进大学生的创新创业能力发展，需要建立一个更具针对性、更富个性化的实践教育平台。这个平台应该考虑到大学生的学历、年级等特征，在纵向上设计不同层次的创新创业实践活动；同时，也要考虑到大学生的创新创业能力内容、发展水平、成长需求等因素，在横向上设计不同类别的创新创业实践活动。

（3）强调实践中的教育引导

目前，高校的创新创业实践教育活动种类还不够丰富，主要还是集中在了创业讲座、论坛、模拟实践等形式之上，重点应关注的是实际的商业运营或常规的社会实践。这些实践活动过于强调传授创业知识的目标，其目的是培养职业经理人或白领，而不是真正的创业者。这种简单的知识传递忽视了创新与创造的本质，把它们简单地归结为了技巧和操作，未能领悟到创新能力和创业能力的深刻内涵。

创新创业实践活动的意义在于鼓励学生获得创新创业经验，启发他们在实践中进行深入思考。这有助于学生领会创新创业的科学规律以及成功背后的真正含义。在领悟的过程中，学生需要付出巨大的努力，同时需要受到高质量教育的引导。这意味着教师需要具有更高水平的素质才能胜任。

二、加强创新创业教育与网络资源的结合

（一）构建高校创新创业教育网络平台

为了方便高校学生更自由地学习创新创业理论，提高他们的创新创业能力并加强思想交流，学界提出了使用云创业构建高校学生创新创业教育网络平台的想法。这个平台包含了最新的创业政策、信息资讯、教学资源、高校学生自主创业实践、创新创业测评、校企合作交流等多项内容。在云平台上整合学校和企业的信息资源、经营和整合人才和社会资源，将是网络时代高校创新创业教育发展的必然趋势。

1. 构建创新创业网络课堂平台

可以建立一个创新创业网络教育平台，用于发布与创业实践相关的资源，比如创业故事、成功案例、详细的创业步骤，以及模拟授课等。通过多种形式的教学活动，比如微课和头脑风暴，打造一个生动有趣的网络教学环境；还可以打造一套学分系统，让平台给予高校学生学分，帮助他们更好地获得实践经验，进而为将来的创业之路打下坚实基础；为了激发学生对网络课堂学习的兴趣，还可以通过在线交互的方式，探讨创业成功和失败的经验；利用创新创业测评，全方位地评估创业过程和结果。高校学生可以根据兴趣选择查看或下载教学资源，这为他们提供了一个全方位的学习、了解创新创业的空间。

2. 加快信息一体化，打造创业系统资讯平台

向公众发布有关大学生创新创业政策的最新发展情况以及科研成果。随着互联网技术的飞速发展，获取信息资源成为致富的秘诀。一般来说，大学生能透过网络平台实时获取最新的创新创业信息、培训机会、相关政策信息等。这些信息能让他们了解最前沿的创新创业成果，并挑选出适合的创业项目，把握创新创业的良机，为未来的创业成功打下基础。

3.加强高校学生创新创业能力培养，建立网络专题培训平台

打造的云平台还应该专注于为一些有创业愿望或已经开展实践创业的大学生提供专门的创业教育培训。可以考虑开设网络课程和课程培训，如SIYB（Start and Improve Your Business，创业培训）和KAB（Know About business，了解企业），以便帮助学生提高实践能力。将此类培训纳入实践教学中，使学生通过学习可以获得相应学分。云平台致力于帮助学生全方位地掌握创业技能，深入了解创业过程，学习创业步骤和方法，培养学生的创业能力、企业经营管理能力和个人综合素质能力，提高高校学生自主创业意识和创业成功率。在创业学习中，高校学生能掌握发现与解决问题的技巧，拓展思路和途径，培养积极主动的学习态度和终身学习意识，提高解决实际难题的能力。

4.丰富教学手段，构建创新创业实践平台

创新创业教育的核心就是实践，利用创新创业网络教育平台可以在虚拟网络空间中为更多学生提供创业实践的机会。通过学习和推广"O2O"新型线上线下电子商务应用模式，网络目前已经涵盖了货源、网络推广和物流配送等全过程，学生们可以借助微信、微博等渠道进行营销、宣传并最终完成电子商务交易。通过这样的实践活动，高校学生可以从网络模拟实践中学到很多知识，可以为他们未来的实际自主创业打下坚实的基础。为了提高高校学生的创业学习主动性，教师和学生可以创建讨论群组，使高校学生与创业导师、创业者展开深入的在线交流。这种交流有助于提高创新创业教育的效果，实现高效的创新创业学习。

在校企合作共建的基础上，结合企业自身发展的需要，通过搭建一个平台空间，发布产品研发、专利申报、技术合作交流等信息。高校学生可以通过平台空间搜寻合作机会和企业的经费赞助，不同企业之间也可通过平台共享网络资源，极大地促进高校学生与企业、社会之间的交流与合作。

（二）建立高校创新创业教育保障机制

高校开展"互联网+"创新创业教育应有配套的保障机制，要抓住互联网发展带来的商机，要以社会需求为导向，快速适应网络时代的社会发展，不断改革和创新人才培养体制机制，充分利用校内校外的网络资源为高校学生提供更多、更好的创新创业学习和创业实践机会，最终成为在"互联网+"时代具有举足轻重地位的主力军，培养工作踏实、开拓创新的创业实践人才，努力培养具有开拓

创新精神的创业人才，为实施创新驱动发展战略、建设创新型国家提供人才支撑。

1. 扩大校园网建设，创建网络教学机制

转变教学理念，改变传统的教学模式。扩大校园网建设，加大 WiFi 的网络覆盖区域，让高校学生无论在课堂还是在寝室都能自由上网；创建网络教学机制，让高校学生无论在课内还是课外都能进行网络学习；鼓励高校学生以微信、微博/移动 App 等热门的社会化工具作为信息平台，开展创新创业知识培训和分享，通过在线交流讨论，丰富高校学生创业教育活动的方式；转变旧的教学评价机制，即不能单单偏重课堂教学，更要注重学生网络实践，激发学生网络创业的兴趣。同时，高校也要打造一支良好的创新创业师资队伍，构建适合各种专业的教师网络资源库，注重专业性和实践性有机结合，为网络教学开展做好在线交流创业指导跟踪服务，推进高校学生创业实践具体工作的有效展开。

2. 优化高校学生的网络创业环境，加强校企合作

优化高校学生网络创新创业教育环境，健全网络创新创业教育工作保障机制，在创新创业教育服务中心增设创新创业服务网络平台管理机构，保障高校学生网络创业工作的正常运行。深化高校学生网络创业意识，建立创新创业服务网站，为高校学生搭建负责收集和整理创业信息，以及发布创业信息和政策的网络创业服务平台，为学生创业和就业提供及时、准确、重要的信息。

强化校企合作，实现校企间各种网络创业资源的优化配置。建立高校学生网络创业信息库，加强创业教育实践在线交互和跟踪指导，分享创业成功与失败的经验教训，这无疑对高校学生的网络创业教育提供了良好的内外部环境。对企业而言，学校可以为企业输送大量实习生，帮助企业解决实际问题；同时让高校学生通过网络创业的成功案例，了解一线企业的实习、实践过程，从而产生创业的兴趣，对于高校学生来说是一种很好的创业教育。打造校内外创客空间，其创客活动内容要有挑战性，重点突出创业文化氛围。可以聘请国内外的知名创客专家或是企业家来担任驻校创客导师。在创客活动中，师生的专利和成果发布都由在线管理平台完成，为创业信息的整个过程管理和反馈提供便利。

三、发挥政府的调控职能，打造良好的教育外部环境

在当前我国社会急剧转型、产业结构大幅调整、高校毕业生初次就业率呈下

降趋势的情况下，创业作为毕业生就业的重要渠道和为社会创造就业岗位、拉动经济增长的有效途径，应该引起政府的高度重视。

高校创业教育要想顺利进行，创新创业教育制度是关键。这首先需要政府进一步转变职能，从管理型政府向服务型政府转变，从无限政府向有限政府转变，从宏观管理向微观管理转变；给创业教育提供一定程度的政策倾斜、法律保障和资金支持，为创业教育提供实实在在的服务，为创业教育提供一个良好的政务外部环境。创新高校创业教育制度，就必须按照政府调节、市场监督、社会服务、大学实施的要求，从健全大学生创业教育信息服务、技术咨询服务、市场指导服务、法律保障服务、资金支持体系、创业人才服务等方面建立一套科学、合理的创业教育资助体系，才能完善创业教育制度。

（一）政府应制定宽紧有度的创业制度、灵活便捷的创业政策

政府职能部门的创业制度、经济政策、法律法规等宏观因素无疑对新企业的创办、生存和发展都有着举足轻重的影响。从创业的制度环境来看，对创业的规定不能太严也不能太松，更不能静止不动，要本着规范新企业有序健康发展的角度，不断调整，做到松紧有度。制度过松，容易导致资金、技术以及产品和服务等社会资源的无效或低效配置和浪费，起不到企业对经济增长、科技创新等方面的推进作用。世界各国在鼓励和支持创业的同时，也都在制度政策等方面进行了不同程度的限制，以抵制不良创业对社会资源的浪费。但是，如果制度过紧、过严，譬如新创业企业审批程序过于烦琐、融资渠道过于狭窄和苛刻、税费名目过多、市场秩序和公平竞争缺乏法律保障，都容易导致企业创办难、生存难，最终伤害创业者的积极性，限制了创业的活跃性。我国政府在创业支持政策倾斜与制度保障上的工作力度相当不够，需要借鉴国外政府经验，为我国创新创业提供良好优质的环境与服务。

（二）政府应制定并完善与企业相关的法律与法规体系

美国、德国、法国等先进国家的创业教育都是以立法为前提的，仅美国鼓励与支持创业的法律就有几十部之多，譬如《专利法》《小企业法》《小企业投资公司法》《小企业投资促进法》《投资公司法》等。国外高校创业教育经验表明，哪个地区的创业环境更优越，创业法制越完善，哪个地区的创业和创业教育就越发

达。中国的创业活动经过数年的发展，虽然取得了一定成绩，但不管在理论探索上还是实践操作上都处于初级阶段。创业法制建设更是如此。没有法制约束的无序和随意创业，必然影响创业者的积极性与创业成效。所以我国必须加强对创业相关法律法规的建设，为创业者创造良好有序的创业法治环境。

我国与创业相关的法律法规从改革开放之初就逐步设立并实施。1988年4月，全国人大通过的宪法修正案就增加了"国家允许私营企业经济在法律规定的范围内存在和发展"的内容。但是与先进国家相比，我们在法律法规的支持方面尚有很大差距，还要从政策引导、制度保障、环境营造、规范服务等方面加强立法，确保创业者创业有法可依、有法保障，促进创业运作的健康、稳定、积极、有序开展。

（三）完善我国的风险投资体制，建立多渠道创业基金来源

创业资金的筹集困难，在我国的大学生创业中表现得尤为突出，其主要原因有两个。一是因为全国性的信用评估体制尚未建立；二是风险投资体制本身不健全。这种现状导致了大学生创业资金来源的金融企业贷款、风险投资等途径遇到了很大的障碍。所以，加强我国市场经济建设步伐，完善金融、资本市场建设是在我国大力提倡大学生创业和全民创业的先决条件。

针对创业投资问题，南京大学博士余波借鉴美国创业投资基金的发展经验，提出了对我国非常具有借鉴意义的"进一步完善创业投资的体制规划"，主要包括以下三点。首先，为了完善中国中小企业融资体系，更充分地发挥中小企业推进经济发展的作用，中国应加快建立和进一步完善创业投资机制，以解决中小企业创业融资的瓶颈约束。其次，为了促进中国创业投资业的发展，应尽快修改和完善《公司法》和《合伙企业法》，为创业投资基金的设立和运作提供更充分的法律保障。在《公司法》和《合伙企业法》修订之前，可以采用《公司法》等法律中的"由国务院另行规定"条款研究制定《创业投资企业管理暂行办法》，为创业投资基金按照公司形式和有限合伙形式提供特别法律保障。最后，应尽快完善创业投资政策扶持体系，在解决对创业投资企业的双重征税等问题的前提下，研究制定促进创业投资企业发展的税收政策，并通过设立规范的政策性创业投资基金支持商业性创业投资基金的发展。[1]

---

[1] 余波. 美国创业投资基金的发展及其借鉴意义 [J]. 世界经济与政治论坛, 2005 (03): 48-50.

四、提高全社会对创新创业教育的认识

我国社会目前对创新创业教育的认识还不够深刻，创新创业教育的正面社会舆论氛围也远远不够，学校教育与家长的观念也都还受传统社会观念的影响。大部分人认为大学毕业生，就应该到正规的国家机构、国有企业去工作，最次也要到外企工作；认为创业是不务正业，或没有能力找到好工作的下下策。创业理念不能得到社会公众舆论的认可，社会创业氛围的缺乏都是局限创业教育开展的重要因素。因此有关理论界、政府职能部门以及教育实践领域都应该对此给予高度重视，加大研究力度、采取有效措施、营造创业社会氛围，以推进创新创业教育实践的快速发展。

社会要消除对创新创业教育的认识误区，抛弃急功近利的创新创业教育理念。特别是家长要抛弃"学生创业就是无单位接收、没本事"的错误观念，应支持孩子可行的创业计划。全社会要形成创业光荣、创业者可敬的风气，要形成正确科学的创业观。即树立"大创业观"，也就是大学生办企业、发展经济、满足人们各种需求是创业；在平凡的工作岗位上开拓进取、建功立业、为国家作贡献是创业；到祖国最需要的地方、西部和农村就业、用所学的知识推动当地经济社会的发展也是创业。提倡大学生自主创业，树立"大创业观"，意在促进创业和创新创业教育形式的多样化。

参 考 文 献

[1] 吴勇，张荣烈.大学生创新创业教育[M].北京：北京师范大学出版社，2017.

[2] 臧玲玲.国际视野下的高校创业教育课程研究[M].北京：中国社会科学出版社，2016.

[3] 陆丹.大学创新创业教育与应用型人才培养：三亚学院创新创业教育教学实践[M].上海：上海交通大学出版社，2020.

[4] 张昊民，马君.高校创业教育研究——全球视角与本土实践[M].北京：中国人民大学出版社，2012.

[5] 高文兵.大学生创业教育的研究与实践[M].长沙：湖南人民出版社，2012.

[6] 吴伟伟，严宁宁.大学生创新创业教育[M].北京：经济科学出版社，2016.

[7] 曾昭薰，陈岩.创业教育概论[M].长沙：湖南人民出版社，2005.

[8] 李永山，陆克斌，卞振平.大学生创新创业教育发展与保障研究[M].北京：中国建材工业出版社，2016.

[9] 崔勇."互联网+"时代的创新与创业[M].北京：清华大学出版社，2016.

[10] 芮国星.信息时代高校创业教育体系研究[M].西安：陕西师范大学出版社，2016.

[11] 石筠."互联网+"时代下大学生创新创业教育新模式的构建探讨[J].福建茶叶，2020，42（04）：43-44.

[12] 余国兴，程琳琳，刘桂芳."互联网+"时代大学生创新创业教育模式研究[J].广东交通职业技术学院学报，2019，18（04）：121-124.

[13] 张根友.高校创新创业人才培养模式探析与实施路径[J].教育现代化，2016，3（40）：51-52.

[14] 于葳.发达国家高校创业教育经验启示[J].人民论坛，2014（34）：158-160.

[15] 董英帅，曲嘉瑄. "互联网+"时代大学生创新创业教育模式研究[J]. 产业创新研究，2022（16）：179-181.

[16] 李金鹏. "互联网+"时代大学生创新创业教育模式探究[J]. 办公室业务，2021（10）：93-94.

[17] 郑湛，万小倩. 基于创新创业系统认知的大学生创新创业能力培养[J]. 信息与管理研究，2021，6（06）：59-73.

[18] 王劲屹. 高校创新创业教育师资队伍建设探析[J]. 高教学刊，2017（24）：35-37.

[19] 钱骏. 高校创新创业教育的问题反思与路径选择[J]. 高等职业教育探索，2016，15（06）：5-9.

[20] 李筱茵. 完善高校创新创业指导教师体系的思考与建议[J]. 才智，2019（36）：55.

[21] 李兴光. 创新创业教育对大学生创业意向的影响机制与路径研究[D]. 北京：对外经济贸易大学，2020.

[22] 蒋欣. 大学生创新创业之高校服务体系优化研究[D]. 北京：中国矿业大学，2021.

[23] 戴永玉. S大学创新创业教育对大学生创业意向的影响研究[D]. 宜昌：三峡大学，2021.

[24] 宋之帅. 工科高校创新创业教育模式研究[D]. 合肥：合肥工业大学，2014.

[25] 申斌. "互联网+"背景下大学生创业意愿影响因素研究[D]. 南昌：南昌航空大学，2019.

[26] 席升阳. 我国大学创业教育的理论与实践研究[D]. 武汉：华中科技大学，2007.

[27] 舒霞玉. 我国高校创新创业教育课程建设研究[D]. 长沙：湖南大学，2021.

[28] 陈朔. "互联网+"背景下天津市普通高校大学生创新创业开展现状研究[D]. 天津：天津体育学院，2022.

[29] 王小萌. 地方高校创新创业教育优化策略研究[D]. 沈阳：沈阳师范大学，2022.

[30] 许莹莹. 新发展理念视角下高校创新创业教育研究[D]. 温州：温州大学，2020.